Die Bildungslüge

Die Bildungslüge

95 Thesen zu Schule und Bildung

Günter Ganz

EDITION OCTOPUS

Günter Ganz, »Die Bildungslüge ›95 Thesen zu Schule und Bildung‹«
© 2011 der vorliegenden Ausgabe: Edition Octopus im Verlagshaus
Monsenstein und Vannerdat OHG Münster. www.edition-octopus.de
© 2011 Günter Ganz
Alle Rechte vorbehalten
Satz: Markus Behnisch
Umschlaggestaltung: MV-Verlag
Druck und Einband: MV-Verlag

ISBN 978-3-86991-478-7

Inhaltsverzeichnis

Vorbemerkung 9
Schlechte Noten für die Bildung 13

Schule
Thesen zur Schule 21
Schule - oder wie ruiniert man ein erfolgreiches System 24
Pädagogik ohne Ende 31
»Lieber alle gleich schlecht, als unterschiedlich gut.« 34
Bildungspläne - viel Ungereimtheiten
zwischen zwei Buchdeckeln 44
Fächerverbünde – der vernetzte Unsinn 47
Die Teamlüge 50
Noten – nein danke 53
Die Kopfnoten 54
Die Fachnoten 55
Die Ganztagesschule - hilft ganz und gar nicht 58
Der Trend zum Zweitbuch - leider nicht bei allen 60
Werte – brauchen wir die noch? 67
Unterrichtsausfall 69
Lob der Disziplin 71
Evaluation – sinnlose Datensammelwut 76

Unterricht
Thesen zum Unterricht 79
Unterricht – mal mehr mal weniger gelungen 81
Didaktik – darf´s ein bisschen mehr sein? 83
Die am Unterricht Beteiligten 85
Schule wäre so schön - ohne Schüler 86

Der Lehrer macht´s – aber nicht nur 87
Der Steuermann sollte an Bord bleiben............................. 89
»Guter Unterricht« – gibt es den denn überhaupt?............. 91
Denken kann nicht schaden. 92
Gibt es Merkmale für guten Unterricht?............................ 94
Habe nun ach alle Methoden probiert 98
Die Gruppenarbeit wird es schon richten 100
Alle wollen (keine) Projekte 102
Nun seid mal schön eigenverantwortlich 105
Darf es etwas Motivation mehr sein?................................... 108

Lehrer
Thesen zum Lehrer 113
Lehrer – Lehrer werden ist nicht schwer 114
Weshalb wird ein Lehrer Lehrer?
Härtetest in der Praxis.. 116
Lehrer und Eltern – zwei, die sich (meist) nicht mögen 119
Der leidige Schulalltag 121
Drum prüfe, wer sich ewig bindet 122
Der gute Lehrer – das unbekannte Wesen........................... 126
Lehrer und Disziplin – eine Tragikkomik 129
Lehrer und Gesellschaft – eine Hassliebe? 136
Lehrer und Mode – zwei fremde Welten begegnen sich 138
Lehrer, Lehrer - nichts als Lehrer 140

Lehrerausbildung
Thesen zur Lehrerausbildung... 143
Der Dreiphasen-Lehrer 144
Die erste Phase – auch Lehrer sollten gebildet sein
Die zweite Phase – Lehrer erster und zweiter Wahl 148
Jetzt geht die Schule richtig los 150
Das Seminar – Dilettantismus wohin man schaut............... 154

Die Lehrprobe – das Meisterstück 157
Seminarmitarbeiter – das ginge deutlich besser 160
Blended Learning – die Mischung macht es nicht 163
Interkulturell - oder Reisen bildet – vielleicht 165
Schule – inklusive Inklusion 166
Das Seminar und die weltfremde Pädagogik 167
Die dritte Phase – gut »gepampert« in den Beruf 168

Schlussbemerkungen 171
Literatur 177

Vorbemerkung

Nach dreißig Jahren Dienst in verschiedenen Bereichen des Bildungssystems des Landes Baden-Württemberg bleibt letztlich nur eine polemische - vielleicht auch pessimistische - Sicht auf dieses System.
Polemik meint hier den ursprünglichen Wortsinn als Streitkunst - als streitbare Demaskierung der herrschenden Zustände in der Bildungslandschaft.
Die unzähligen wissenschaftlichen, pseudowissenschaftlichen und pseudosachlichen Bücher, Aufsätze, Vorträge und Diskussionen, verschleiern die Misere oft mehr, als sie zu erhellen.
Es geht hier in erster Linie darum, Ursachen, Wirkungen und Verantwortliche (vor allem Pädagogen und Politiker), dafür zu benennen, dass unsere Schulen Schüler entlassen, die teilweise kaum ausbildungsfähig sind.
Aber: Die Hoffnung stirbt zuletzt. Vielleicht bringen die vielen Tropfen in Form kritischer Analysen, die immer wieder von vernünftigen, sachlichen und realistisch denkenden Menschen publiziert werden, das Fass eines Tages zum Überlaufen. (Als Beispiele seien an dieser Stelle nur Michael Felten, Susanne Gaschke - als nicht aus dem pädagogischen Bereich heraus argumentierend - und Professor Giesecke genannt. Diese und weitere Literaturangaben finden sich im Literaturverzeichnis).
Vielleicht können die vielen sachlich argumentierenden Kritiker endlich sinnvolle Reformen in Gang setzen. Wir werden derzeit in allen Bundesländern von mannigfaltigen Reformen und Reförmchen, die meist mehr »verschlimmbessern« als wirkliche Vorteile zu bringen, überschwemmt. Jede Reform, die nicht beim Schüler direkt ankommt und den Unterricht verbessert, ist Augenwischerei und der untaugliche Versuch, die eigene Unfähigkeit (der zuständigen Politiker und Päda-

gogen) durch Aktionismus zu verschleiern. Ständig hört man in Sonntagsreden, wie wichtig Bildung für unser rohstoffarmes Land sei. Man gibt den Politikern, die solch hehre Worte sprechen gerne recht und wartet dann gespannt darauf, dass endlich etwas in Gang gesetzt wird, das dem Bildungswesen nachweislich hilft. Unser Rohstoff ist die Bildung, das Wissen und Können der Menschen in diesem Land, deren Leistungsbereitschaft und Fähigkeit, nicht ständig zu verzagen und larmoyant die Schuld für die eigene Unfähigkeit immer bei anderen zu suchen. Wenn die Nachfolgegenerationen wirklich gut und sinnvoll ausgebildet worden wäre, könnten wir uns die Diskussion um fehlende Fachkräfte schenken, denn dann wären solche vorhanden.

Das Schulsystem der ehemaligen DDR wird hier nicht thematisiert, da vor der Wiedervereinigung (Beitritt der Deutschen Demokratischen Republik zur Bundesrepublik am 03. Oktober 1990) Deutschlands völlig verschiedene Bildungssysteme bestanden.

Da ich selbst aus dem Baden-Württembergischen Realschulbereich komme, nehme ich – selbstverständlich – häufig Bezug auf die Situation im »Musterländle« und auf die hier – glücklicherweise – noch existierende Realschule. Da aber in anderen Bundesländern bereits die Fehler gemacht wurden, auf die Baden-Württemberg momentan zuzusteuern scheint (z. B. die wahrscheinliche Einführung einer Gemeinschaftsschule), kann die Analyse sehr wohl auch allgemein verstanden werden. Auch die Bezüge zur Realschule können auf andere Schularten übertragen werden, denn die unseligen Fächerverbünde beispielsweise wurden mit MeNuK (Mensch, Natur und Kultur) an der Grundschule und u.a. mit MNT (Mensch – Natur – Technik) in den Hauptschulen und mit GWG (Geografie – Wirtschaft – Gemeinschaftskunde) auch an den Gymnasien eingeführt. Andere Bundesländer wollen anscheinend die gleichen Fehler begehen, sodass man hier nur

warnen kann. Der Blick richtet sich also grundsätzlich auf das Bildungs- und vor allem Schulsystem der gesamten Bundesrepublik. Bedingt durch die (weitgehende) anachronistisch anmutende Bildungshoheit der Länder, kann nicht jede Entwicklung in den einzelnen Bundesländern einbezogen werden. Es ist mir wichtig zu sagen, dass es selbstverständlich neben den vielen negativen Ausprägungen im Bildungswesen jeweils immer auch positive Elemente gibt. Nur leider sind diese nicht maßgebend für die Schulentwicklung, sonst wären wir im Bereich der Bildung nicht auf einer so rasanten Talfahrt.
Das Buch ist in vier Teile gegliedert:
- Schule
- Unterricht
- Lehrer
- Lehrerausbildung (Dreiphasen-Lehrer)

Vor jedem dieser Großabschnitte werden in thesenhaften Formulierungen die Hauptaussagen kurz herausgestellt.
Um der Lesbarkeit willen habe ich mich auf die männliche Schreibweise beschränkt. Selbstverständlich ist die weibliche Form immer mitgedacht.
Danken möchte ich an dieser Stelle den vielen Kollegen, die mir in manchen kritischen und konstruktiven Gesprächen Anregungen gegeben haben.
Da es sich nicht um eine wissenschaftliche Arbeit im engeren Sinn handelt, orientiert sich die Zitierweise nicht an den üblichen wissenschaftlichen Gepflogenheiten.

> Ob es besser wird,
> wenn es anders wird,
> weiß ich nicht.
> Dass es aber anders werden muss,
> wenn es besser werden soll,
> weiß ich.
> Nach Lichtenberg (1742 – 1799)

Schlechte Noten für die Bildung

Eine Festlegung vorab: Als Pädagogen werden in dieser Schrift lediglich die sogenannten wissenschaftlichen Pädagogen an den Hochschulen verstanden. Die Lehrer im Klassenzimmer, die zwar ebenfalls oft als »Pädagogen« bezeichnet werden, sind eben »nur« die Praktiker vor Ort, die sich eher selten wissenschaftlich mit Bildung und Erziehung auseinandersetzen.
In dieser Bildungspolemik soll danach gefragt werden, weshalb unsere Schulen so schlecht sind, dass sie - aus allen drei Schularten - Schüler entlassen, die kaum mehr die Anforderungen der »Abnehmer« (Universitäten, andere weiterführende Bildungsgänge sowie Handwerk und Industrie) erfüllen können. Es soll gezeigt werden, wie unser Schulsystem in den letzten vierzig Jahren so nachhaltig ruiniert wurde. Es wird unmissverständlich gezeigt, weshalb Unterricht häufig so erfolglos ist. Es soll auch herausgestellt werden, weshalb so viele ungeeignete Lehrer an unseren Schulen arbeiten. Es soll offenbar werden, weshalb die einzelnen Phasen der Lehrerausbildung so wenig für die Professionalisierung der Lehrer tun (können). Hierzu gibt es Antworten - gelegentlich sogar recht einfache.

Im Zentrum der vorliegenden »Bildungspolemik« steht die Frage, welche gesellschaftliche Aufgabe die Schule hat und was sie leisten kann und soll. Hier ist - jenseits aller Detailfragen - eine einfache Antwort möglich:
Die Schule muss wieder zu einem verlässlichen System werden, in dem Kinder lernen und Lehrer unterrichten können. Neue, pädagogisch sinnvolle Ideen, die den veränderten gesellschaftlichen Bedingungen Rechnung tragen, sollen in der Schule und im Unterricht aufgegriffen, kritisch geprüft und gegebenenfalls umgesetzt werden. Gesellschaftliche Entwicklungen müssen selbstverständlich auch in der Schule ihren Niederschlag finden, aber die Schule muss auch ein Ort sein, der Widerstand leistet gegenüber allzu fragwürdigen Umsteuerungsversuchen von unrealistischen Pädagogen im Verbund mit unwissenden, weil fehlinformierten Politikern. Die Schule darf nicht jeder pädagogischen Modeerscheinung anheimfallen.
Die Bevölkerung verfügt meist nicht über die notwendigen Informationen, um Ursachen und Wirkungen des Niedergangs von Bildung und Schule in einen ursächlichen Zusammenhang stellen zu können. Erst durch ungeschminkte Aufklärung kann es gelingen, die Öffentlichkeit für Bildungsfragen zu sensibilisieren und aufzurütteln, damit häufiger solche Volksentscheidungen, wie im Juli 2010 in Hamburg möglich werden. Die Hamburger Bevölkerung hat sich in diesem Bürgerentscheid ganz klar gegen eine sechsjährige Grundschule entschieden. Das pseudopädagogische Gerede von mehr Gerechtigkeit durch ein längeres gemeinsames Lernen hat nicht überzeugt – zurecht. (Näheres im nächsten Kapitel)
Nur wenn die Menschen die »Bauernfängerei« der Pädagogen und Politiker erkennen, können sie sich erfolgreich gegen weitere unsinnige Schulreformen wehren.
Es sind nicht nur einige wenige Ausnahmeerscheinungen, die unsere Bildungslandschaft negativ prägen, wie viele Pädagogen und Politiker behaupten. Es sind flächendeckende Fehlent-

wicklungen, die die Masse des einstigen Volkes der Dichter und Denker in ein Volk von sprachunfähigen, inkompetenten und teilweise »völlig verblödeten« Menschen verwandelt haben.

In diesem maroden Bildungssystem kann sich nur etwas ändern, wenn die Erkenntnis, dass es marode ist, von den Verantwortlichen akzeptiert wird und diese bereit sind, das System neu zu justieren. Solange (wissenschaftliche) Pädagogen und Bildungspolitiker nicht endlich eingestehen, dass sich das deutsche Bildungssystem in den letzten 40 Jahren in eine völlig falsche Richtung entwickelt hat, solange wird sich nichts ändern. Wenn diese negativen Entwicklungen in der deutschen Bildungslandschaft so weiter gehen, ist es absehbar, dass es demnächst zum totalen Crash unseres Bildungs- und Schulsystems kommen wird – wenn dieser nicht bereits da ist. Ist es nicht bereits als Crash, als GAU (größter anzunehmender Unfall) zu bezeichnen, dass wir Schüler nach neun Jahren aus der Schule entlassen, die keinen noch so einfachen Text Sinn verstehend zu lesen in der Lage sind und die bei der Lösung einfachster Rechenaufgaben versagen. All das wurde und wird verursacht von Pädagogen und Bildungspolitikern.

Das Bildungssystem unterliegt, wie nahezu alle Systeme gewissen Schwankungen. Die Pendelbewegungen des Bildungssystems sind allerdings träge (vielleicht weil die Bildungsbeamten träge sind). So schlug das Pendel von der sogenannten »Schwarzen Pädagogik« des vorigen Jahrhunderts (teilweise bis in die Anfänge des 20. Jahrhunderts hinein), in der die Schule oft eher als Dressur- und Drillanstalt, anstatt als Ort des Lernens verstanden wurde, in die entgegengesetzte Richtung der momentanen pädagogischen Fantastereien und der »Schmusepädagogik« um.

Die heute vorherrschenden unrealistischen pädagogischen Theorien (oder eher: Fantastereien), die als Schlagworte durch nahezu jede pädagogische Diskussion geistern, (z. B. »selbstgesteuertes Lernen«, »ganzheitliches Lernen«, Lehrer als »Lernmoderator« und als »Lerncoach«, »länger gemeinsam lernen«, usw.) helfen weder den Kindern noch der Schule oder dem gesellschaftlichen System insgesamt, da sie von einem idealisierenden Menschenbild ausgehen, das es so in der Realität nicht gibt – und wohl auch nie geben wird. Solche und ähnliche, sich häufig auch noch widersprechende pädagogische Schlagworte ohne Inhalt führten unser Schulsystem im Laufe der letzen vierzig Jahre in ein unübersichtliches Chaos. Nicht »Utopia« sondern »Chaotika« wurde geschaffen. Diesen weltfremden Pädagogen mit ihren utopischen Visionen kann man nur das Wort unseres Altbundeskanzlers Helmut Schmidt entgegenhalten. »Wer Visionen hat, sollte zum Arzt gehen.«

Den Höhepunkt der negativen Entwicklung hat das Pendel wohl derzeit leider noch nicht erreicht. Solange Pädagogen wie Rolf Arnold (Rolf Arnold, Aberglaube Disziplin) noch ihre Ideen zur Disziplin – als Antwort auf Bernhard Buebs Streitschrift »Lob der Disziplin« – verbreiten und dafür auch noch Anhänger bei anderen Pädagogen finden, ist die negative Entwicklung leider noch nicht abgeschlossen. Wer ständig die deutsche Vergangenheit ins Feld führt, wie dies Arnold tut, um gegen jede Art von Disziplin in der Schule zu agitieren (Arnold, S. 15), der weiß nichts von Pädagogik und von Disziplin in ihrer eigentlichen Bedeutung noch weniger.

Der maximale Ausschlag in der negativen Richtung sollte hoffentlich bald erreicht sein. Es gilt dann aber darauf zu achten, dass das Pendel nicht wieder ins andere Extrem ausschlägt.

Ein sinnvoller Streit soll dabei helfen, der Schule wieder die Aufgabe zuzuteilen, die sie eigentlich hat – oder haben sollte: Unterrichten. Vielleicht gibt es eine Chance, Erziehung und Unterricht wieder aus den Fängen der pseudowissenschaftlichen Pädagogik zu befreien. Vielleicht gibt es eine Chance, ein Umdenken bei manchen Pädagogen, Lehrern, Psychologen und nicht zuletzt Juristen und Politikern zu bewirken.

Ein Umdenken, das der Schule wieder einen realistischen Platz in der Gesellschaft sichert. Ein Umdenken, das die Schule nicht mit Aufgaben »zumüllt«, die sie nicht erfüllen kann. Ein Umdenken, das – abseits aller Festtagsreden - die Lehrer nicht ständig als Volldeppen und Prügelknaben der Nation hinstellt. Ein Umdenken auch, das den Lehrern wieder Handlungsspielräume einräumt, damit sie im täglichen Kampf - und häufig ist es wirklich Kampf - im Klassenzimmer auch überleben können.
Heute ist der Lehrer ein Opfer, das wie ein zwar sehender, aber gefesselter Dompteur in einen Raubtierkäfig (womit nicht das Klassenzimmer speziell gemeint ist) gesperrt wird. Alle stehen vor dem Käfig und schimpfen auf die Unfähigkeit des Dompteurs, weil der nicht in der Lage ist, die Raubtiere (womit nicht nur die Schüler gemeint sind) zu bändigen und ihnen schöne Kunststücke beizubringen. Dass der gefesselte Dompteur am Ende gefressen wird, tut zwar allen irgendwie leid, aber schuld ist er ja schließlich selbst, denn er hätte mit der nötigen Autorität den Raubkatzen ja etwas Sinnvolles beibringen können.
Die Pädagogen, die den »Tod des Dompteurs« verursacht haben, werden aber nicht zur Verantwortung gezogen, ebensowenig wie die beteiligten Politiker.
Leider muss man sagen, dass die »Bauernfänger-Pädagogen« Erfolg gehabt haben mit ihren Ideen, Schule als allumfassende Betreuungsinstitution etablieren zu wollen, Leistung als etwas Schlechtes und Wettbewerb als persönlichkeitsschädigend zu brandmarken. Ihr »Erfolg« beruht darauf, dass das Bildungssystem immer kränker wurde. Wie jeder Kranke ist auch das Bildungs- und Schulsystem (vertreten durch die Lehrer) anfällig für »Bauernfänger«, die schnelle Heilung versprechen. Nun liegt das Bildungssystem am Boden, zuckt zwar noch ein wenig, wird aber wohl demnächst in der bestehenden Form sterben. Das wäre ja nicht weiter schlimm, denn Tod und Geburt sind der Lauf der Welt - wenn etwas

Besseres nachkäme. Aber was sich da momentan an Veränderungen im Bildungswesen abzeichnet, macht wenig Hoffnung auf Besserung.

Der Satz »never change a running system« hat für die Bildungstheoretiker und Bildungspolitiker offensichtlich keine Gültigkeit, denn mit einem (erfolgreichen) »running system« kann man sich ja nicht profilieren. Da muss schon ständig etwas Neues her.

Wenn man dann noch in »Die verblödete Republik« (Thomas Wieczorek: Die verblödete Republik, Knaur 2009, S. 246f) folgende völlig verblödete Aussagen und Kommentare zur Bildung liest: »Unser weltweit fast einmaliges dreigliedriges Schulsystem ist ein wohlbehütetes Erbe der Ständegesellschaft früherer Jahrhunderte. Noch bis 1964 hießen die Schultypen völlig korrekt Volksschule (für das Volk), Mittelschule (für die Mittelschicht) und Oberschule (für die Oberschicht)«. Mit solch klassenkämpferischen Parolen gehen Autoren dieses Schlages einfach an der Realität vorbei. (Übrigens: es handelt sich um Schularten und nicht um Schultypen.)

Wenn man sich auch noch über das Buch »Aberglaube Disziplin« von Rolf Arnold (Arnold, Rolf: Aberglaube Disziplin, Auer 2007) ärgern muss, ist es an der Zeit, zu sagen, welch negativen Einfluss solche »Wissenschaftler« und »Publizisten« mit ihren Ideen ausüben. Es ist schier unglaublich, was alles im Argen liegt und mit wie viel Ignoranz von solchen Menschen über etwas gesprochen wird, wovon sie im Grunde wenig bis keine Ahnung haben. Die einen, weil sie kaum je in einer Schule unterrichtet und gearbeitet haben und die anderen, weil sie blind irgendwelchen modern erscheinenden Pädagogiktheorien huldigen, deren Tragweite sie oft nicht einschätzen können.

Dann sind da noch Eltern, die meinen, nur weil sie zeugungsfähig sind, grundlegend über Erziehung und Bildungserwerb urteilen zu können. Eltern, die kaum die eigenen Kinder erziehen können, wollen den Lehrern Vorschriften darüber machen, wie sie ihre Arbeit zu erledigen haben. Ärzten, Juristen oder Automechanikern versuchen solche Eltern ja auch nicht, zu sagen (manche vielleicht doch), wie diese ihre Aufgaben zu erfüllen haben. Wenn Eltern ihre (verzogenen) Kleinen mit sechs oder sieben Jahren in die Schule schicken, ist Vieles in deren Persönlichkeit und Charakter bereits fest zementiert. Und nun soll die Schule die Versäumnisse in der Erziehungsarbeit dieser ersten prägenden Jahre aufarbeiten. Eltern solch missratener Nachkommen leugnen in der Regel, dass es Versäumnisse in der Erziehung gegeben hat. Als argloser Lehrer fragt man sich dann allerdings, wie es dann sein kann, dass teilweise äußerst schwierige Kinder in der Schule in Erscheinung treten? Die Schule kann und soll keine Reparaturanstalt der Gesellschaft für fehlerzogene Kinder sein.

Nebenbei bemerkt hat die Schule schon immer erzogen – und tut dies meist auch heute noch (wenn man sie lässt). Wenn der Lehrer auf anständiges Benehmen achtet, wenn er das Sozialverhalten in der Klasse überwacht und regelt, so dass es möglichst keine Außenseiter und keine Aggressionen gibt, wenn er bei Schullandheimaufenthalten die teilweise ekelerregenden Essmanieren der Schüler korrigiert, wenn er auf respektvolle Kommunikation achtet und wenn er darauf besteht, dass das Klassenzimmer ordentlich verlassen wird und nach dem Unterricht nicht einer Mülldeponie gleicht, so tut er nichts anderes, als die Versäumnisse der Eltern in der häuslichen Erziehung zu korrigieren. Die Schule ist aber primär eine Bildungs- und keine Erziehungsanstalt - auch wenn sich Unterricht und Erziehung letztlich nicht völlig voneinander trennen lassen.

Es muss endlich Schluss sein mit der »Sucht« profilneurotischer Pädagogen, die Schule ständig neu erfinden zu wollen. Es gibt so gut wie keinen Zweifel daran (zumindest nicht bei sachlich denkenden Menschen), dass das dreigliedrige Schulsystem optimal für die individuelle Förderung aller Schüler ist. Es hat sich überdeutlich gezeigt, dass Gesamtschulen keinerlei Vorteile gegenüber dem gegliederten System aufweisen - ganz im Gegenteil. (Vgl. Thesenpapier zum Vortrag von Prof. em. Dr. Kurt A. Heller am 17. März 2010 im Haus der Union Stiftung Saarbrücken).

Einige dieser »Neudefinitionen« von Schule und Unterricht tragen wieder einmal nur dazu bei, die bestehende Misere noch mehr zu verschleiern.

Die momentan vielgepriesene Kompetenzorientierung ist nichts anderes, als alter Wein in neuen Schläuchen und ebenso fragwürdig wie der sogenannte Paradigmenwechsel von der Input- zur Outputsteuerung falsch ist. Unterricht muss wieder als solcher erkenn- und erfahrbar sein. Unterricht, in dem etwas gelernt werden soll, bedeutet für Schüler - gleich welcher Schulart – immer und in jedem Fall Herausforderung und Anstrengung.

Lehrer aller Schularten müssen besser ausgebildet werden. Noch immer ist die Lehrerausbildung in den 16 Bundesländern völlig verschieden geregelt (auch wenn es von der Kultusministerkonferenz »Standards für die Lehrerbildung« gibt).

Mit den im Vorwort genannten und hier kurz angerissenen Themenfeldern ist in etwa der Rahmen der folgenden Ausführungen vorgegeben.

Aus den oben genannten Gründen soll hier im besten Sinne polemisiert werden. Ein einstmals so erfolgreiches Bildungssystem kann und darf nicht weiter ruiniert werden. Es galt lange Zeit in der ganzen Welt als vorbildlich, bis Picht mit seiner (damals vielleicht berechtigten) Formulierung des nationalen Bildungsnotstandes im Jahre 1964 eine Lawine lostrat, die auf ihrem Weg durch die Bildungslandschaft alles bis dahin Sinnvolle unter sich begrub und weitestgehende Zerstörung anrichtete.

Thesen zur Schule

1. Eines der erfolgreichsten Schulsysteme der Welt wurde von Pädagogen und Politikern systematisch ruiniert.
2. Schule ist eine Zweckveranstaltung des Staates, die in erster Linie dazu dient, Kindern Wissen zu vermitteln und deren vorhandene Fähigkeiten und Fertigkeiten zu erkennen und zu erweitern.
3. Schule darf nicht dazu dienen, gesellschaftliche Missstände beseitigen zu sollen und damit das Versagen der Pädagogen, Politikern und Eltern zu kaschieren.
4. Integration ist (wie die Bildung) eine Hol- und keine Bringschuld.
5. Wissen ist noch nicht Bildung, aber Bildung ohne Wissen gibt es nicht.
6. Pädagogen vereinnahmen mittlerweile nahezu alle Lebensbereiche von Kindern, Eltern, ja der gesamten Gesellschaft.
7. Die Schule und die gesamte Gesellschaft leiden an der umfassenden Pädagogisierung.
8. Pädagogische Theorien liefern selten bis nie brauchbare, praxisrelevante Handlungsanleitungen.
9. Es ist die Verantwortungslosigkeit, die die Pädagogik schon nahezu gefährlich macht.
10. Masse statt Klasse. Durch die »zwanghafte« Steigerung der Abiturientenzahlen wurde das Niveau aller Schularten gesenkt.
11. Die Forderung nach Chancengleichheit ist unrealistisch. Die Chancengleichheit hört spätestens bei der Zeugung auf.
12. Das Wissen, Können und die Leistungsbereitschaft der Schüler haben in den letzten Jahren stetig abgenommen.

13. Der Mensch fängt nicht erst beim Abitur an, wie manche Ideologen glauben lassen wollen.
14. Das dreigliedrige Schulsystem wäre nach wie vor ein Garant für eine optimale Förderung aller Schüler, denn die Leistungsfähigkeit der Schule hängt nicht vom Schulsystem ab, sondern von den daran Beteiligten.
15. Internationale Vergleiche sind wenig hilfreich, da meist »Äpfel« mit »Birnen« verglichen werden.
16. Durch untaugliche Bildungspläne wird die Arbeit an den Schulen erschwert statt hilfreich gefördert.
17. Die Festlegung der Bildungspläne auf Standards, Kompetenzen und Outputorientierung ist »alter Wein in neuen Schläuchen« und bringt mehr Verwirrung als Klärung.
18. Die sogenannten Fächerverbünde verhindern geradezu eine naturwissenschaftliche, geografische und soziale Bildung.
19. Glücklicherweise gibt es den »Naturwissenschaftslehrer« noch nicht.
20. Durch falsch verstandene Teameuphorie und ständige Gruppenarbeit lernen die Schüler immer weniger Inhalte.
21. Man kann das so zusammenfassen: »Wir sind zwar alle doof, aber wir haben uns ganz arg lieb«.
22. Durch Gruppenarbeit wird individuelle Entwicklung eher behindert denn gefördert.
23. Wer auf der einen Seite alles und jeden im Bildungswesen evaluieren will, der muss auf der anderen Seite auch für Schulnoten sein.
24. Kopfnoten (bis in die Abschlussklassen) sind notwendig, um das Verhalten der Schüler im positiven wie im negativen Sinn zu dokumentieren und zu beeinflussen.
25. Die Fachnoten sind heute - wegen der Pädagogen - in vielen Fällen wenig aussagekräftig.
26. Ziffernnoten sind den sogenannten »Verbalbeurteilungen« vorzuziehen.

27. Ganztagsschulen können die gesellschaftlichen Fehlentwicklungen – wenn überhaupt - nur zu einem kleinen Teil beheben helfen.
28. Schüler sollten sich Bücher und Unterrichtsmaterialien wieder selbst kaufen müssen. Wer finanziell dazu nicht in der Lage ist, bekommt über ein Gutscheinsystem dennoch alle notwendigen Utensilien.
29. Bildungsferne Schichten sind solche, die ihre Kinder von Bildung und Ausbildung fernhalten.
30. Eine Pflicht aller Familien, die in Deutschland leben, ist es, Deutsch zu lernen und ihre Kinder in die Schule zu schicken.
31. Der Staat hat die Aufgabe, alle notwenigen Strukturen für eine Integration zu liefern. Es darf nicht sein, dass Integrationswillige keine Sprachkurse besuchen können, weil zu wenige angeboten werden.
32. Eltern vernachlässigen oft ihre Erziehungspflicht und machen dann die Lehrer für die schlechten Leistungen der eigenen Kinder verantwortlich – das ist verantwortungslos.
33. Normaler Unterrichtsausfall ist in der Regel keine Gefahr für die Bildung der Kinder.
34. Das größte Problem vieler Lehrer ist die mangelnde Verhaltenssteuerung und die Disziplinlosigkeit einer Vielzahl von Schülern.
35. Um Disziplin im Klassenzimmer wieder herstellen zu können, sind keine Psychologen oder Sozialpädagogen notwendig.
36. Die sogenannte »Regelkultur« und die »Trainingsräume« sind meist wirkungslos.
37. Die im Bildungswesen unternommene »Hyper-Evaluation« ist falsch, unnötig, kostet viel Geld und schadet mehr als sie nützt.

»Der echte Schüler lernt aus dem Bekannten das Unbekannte entwickeln und nähert sich dem Meister.«
Goethe

Schule - oder wie ruiniert man ein erfolgreiches System

Seit dem 19.Jahrhundert, als das Schulwesen in Deutschland grundlegend neu organisiert wurde, gibt es das dreigliedrige Schulsystem, das unbestreitbar viele Erfolge aufzuweisen hatte – und eigentlich noch hätte, wenn es nicht von Pädagogen systematisch diffamiert und damit ruiniert worden wäre. Die Qualität aller drei Schularten, Hauptschule, Realschule und Gymnasium war sehr hoch. Zumindest konnte ein Hauptschüler, der nach der neunten Klasse(damals nach acht Jahren Schulzeit) die Schule verlassen hat, auf seinem Niveau lesen, schreiben und rechnen. Das war weit mehr, als das heute der Fall ist, wo manche Hauptschüler kaum mehr ihren Namen richtig schreiben können. Es liegt nicht an der »Dummheit« der Hauptschüler, es liegt an der unausgegorenen Reformwut von »dummen« Erziehungswissenschaftlern und Politikern, die das Niveau der verschiedenen Schularten immer weiter abgesenkt haben. Heute haben zum Teil selbst Gymnasiasten Probleme, einen vernünftigen Aufsatz zu schreiben. Hier wurde völlig unnötig ein bis dahin erfolgreiches Schulsystem zerstört.
Die Kritik, der die Schule seit den sechziger Jahren ausgesetzt war, kann kaum zutreffend sein, denn Deutschland hat in Zeiten, in denen das dreigliedrige Schulsystem voll etabliert war, in Zeiten, in denen Gruppenarbeit oder an-

dere methodische Merkwürdigkeiten wie Laufdiktate oder ähnlicher Unsinn völlig unbekannt waren, viele, sehr viele international anerkannte Wissenschaftler hervorgebracht. (Anmerkung: Laufdiktate dürfen nicht verwechselt werden mit der so genannten »Loci – Methode«, bei der es sich um mnemotechnische Lernmethode handelt, bei der Inhalte mit Orten verknüpft werden, damit sie besser im Gedächtnis haften bleiben.)
Ein Schulsystem, das einst Schulabgänger in die Welt entlassen hat, die z. B. nach einem Studium glänzende wissenschaftliche Leistungen hervorgebracht haben. Von 1901 (Vergabe des ersten Nobelpreises an Wilhelm C. Röntgen) bis 1973 haben 31 Deutsche den Nobelpreis erhalten – vorwiegend für Naturwissenschaften und Medizin. Bis 2008 waren es 80 Deutsche, die den Nobelpreis in verschiedenen Disziplinen erhalten haben. Andere Schulabgänger des dreigliedrigen Schulsystems haben nach 1945 ein am Boden liegendes Wirtschaftssystem in kürzester Zeit wieder aufgebaut und zu beispielloser Blüte geführt.
Deutschland gehörte in nahezu allen technischen und wissenschaftlichen Disziplinen zu den führenden Nationen der Welt. Das ist doch merkwürdig, denn diese Menschen haben, so die Meinung heutiger Pädagogen, einen völlig verdummenden Frontalunterricht in großen Klassen erduldet, bei dem man angeblich auch so gar nichts lernen konnte.
Als Argument gegen den Frontalunterricht und herkömmliches, (erfolgreiches) Lernen hört man dann von manchen Verteidigern der heutigen »Schmusepädagogik«, dass sich die Verhältnisse ja vollkommen verändert hätten. Die gesellschaftlichen Anforderungen seien völlig andere und deshalb müsse eben mit andern pädagogischen Konzepten darauf reagiert werden. Das ist einerseits richtig, pädagogische Konzepte müssen ständig überdacht und gegebenenfalls verändert werden – aber andererseits sollten neue Konzepte auch irgendwann ein-

mal mit positiven Ergebnissen aufwarten. Wer heilt hat recht, lautet ein alter Satz der Mediziner. Daraus folgt, dass wer nicht heilt, auch nicht recht haben kann.

Die vielleicht »neuen und besseren« Konzepte, mit denen uns eine moderne Art von »Reformpädagogen« überschwemmt, haben den Niedergang des Schulwesens herbeigeführt und eine besorgniserregende Verschlechterung des Leistungswillens der nachwachsenden Generation hervorgebracht. Heilung sieht sicherlich irgendwie anders aus.

In der Industrie wird ständig von Wachstum als Motor der Wirtschaft gesprochen, in der Schule findet aber keinerlei Wachstum des Wissens, Könnens und der Leistungsbereitschaft statt. Die weitverbreitete »Gattung der Schmusepädagogen« meint wohl, dass man mit weniger Wissen und weniger Leistung mehr Wachstum im Bildungswesen und der gesamten Gesellschaft hervorbringen kann. Diese »pädagogische Erkenntnis« ist wahrlich nobelpreisverdächtig.

In der Folge von mangelndem Wissen, ungenügender Disziplin und fehlender Leistungsbereitschaft der Schulabgänger läuft Deutschland Gefahr, nicht mehr die einstmals so geschätzte »deutsche Wertarbeit« bieten zu können.

Wenn wir also wieder eine leistungsfähige Schule wollen, so ist die erste und zentrale Frage nach der eigentlichen Aufgabe der Schule. »Wozu ist die Schule da« titelte Hermann Giesecke 1996 und gibt auch klare Antworten. Auf den Punkt gebracht kann man sagen, dass die Schule in erster Linie dazu da ist, Kindern Wissen und Fertigkeiten zu vermitteln. Die Schule hat einen Bildungs- und Erziehungsauftrag und hilft in diesem Rahmen mit, jungen Menschen den Weg in das gesellschaftliche Miteinander zu weisen. Noch immer schwirren dazu in manchen Pädagogikköpfen utopische Ideen von einer idealen Schule herum. Man müsse die jungen Menschen ja nur richtig lieb haben und ihnen sagen, dass man an sie glaubt, dann würden sie selbst den Weg zum Guten beschreiten und sich eigenständig mit Eifer Wissen und Können aneignen. Welches Menschenbild muss man haben, um solche unrealistischen Ideen zu verbreiten und womöglich auch noch an diese zu glauben. Den Rousseau´schen guten Menschen, der in den Köpfen von solchen Menschen »herumgeistert«, gibt es nicht.

Solche Fantastereien gehen menschlich, pädagogisch und gesellschaftlich weit an der Realität vorbei. Lehrer, die zum Teil wider besseren Wissens, solchen »illusionistischen Ideen« nacheifern, scheitern in den meisten Fällen im realen Schulalltag. Schüler, die im Sinne dieser »pädagogischen Heilsbringer« unterrichtet werden, laufen Gefahr, im wirklichen Leben zu scheitern, weil sie mit wirklichkeitsfremden Vorstellungen von Arbeit und Leistung und einer falschen Selbsteinschätzung ins wirkliche Leben, außerhalb des Schonraums Schule, entlassen werden. Dort werden sie dann schnell und unter Umständen schmerzlich erfahren, dass das Leben kein Spiel ist, bei dem es angeblich keine Verlierer, sondern nur Gewinner gibt, wie es ihnen durch die »gnadenlose Kuschelpädagogik« vorgegaukelt wurde.

Die Schule ist (sollte man meinen) eine Veranstaltung, in der Lehrer Schüler unterrichten. Das ist der eigentliche Sinn der Schule. Alles andere, was Schule in den Augen mancher Menschen noch leisten soll, kann und darf nicht ihre Aufgabe sein. Schule ist keine Reparaturinstanz für fehlgeleitete Gesellschafts- und Bildungspolitik. Schule ist keine Aufbewahrungsanstalt für nicht beaufsichtigte Kinder und Jugendliche. Schule ist schon gar keine Besserungsanstalt für junge Menschen, die sich bereits in frühen Jugendjahren nicht in unserer Gesellschaft zurechtfinden. Schule kann nicht die Versäumnisse der verfehlten bzw. fehlenden Integrations- und Migrationspolitik ausgleichen. Schule kann kein Allheilmittel für alle gesellschaftlichen Fehlentwicklungen sein. Da wird ein Anspruch an die Schule herangetragen, der so nie und nimmer zu erfüllen ist.

Von der AIDS – Prophylaxe bis zur Wertevermittlung und von der Verkehrserziehung bis zur sozialen Integration aller Randgruppen soll die Schule alles richten, was Politiker und Pädagogen versäumt haben.

Die Schule ist Teil der Gesellschaft und gleichzeitig auch ihr Spiegel. Alle (fast alle) gesellschaftlichen Missstände und Probleme finden sich in der Schule wieder – und zwar in allen Schularten. Egozentrismus, Mobbing, Funorientierung, Leistungsverweigerung, Aggressivität, Drogenmissbrauch, übermäßiger Medienkonsum und Computernutzung, Vandalismus und und und. All das soll die Schule geraderücken können – wohl kaum. Die bestehenden sogenannten Parallelgesellschaften, die sich sowohl unter Zuwanderern und auch unter anderen, nicht anpassungswilligen Gruppen entwickelt haben, können durch die Schule nicht beseitigt werden.

Übrigens: Integration ist – wie die Bildung - eine Hol- und keine Bringschuld. Der Staat muss alle für eine Integration notwendigen Möglichkeiten und Ressourcen zur Verfügung stellen – aber Abholen muss sich der Integrationswillige die Angebote und Möglichkeiten schon selbst. Der Staat ist auf der Angebotsseite für eine gelungene oder misslungene Integration verantwortlich. Er ist letztlich nicht für die mangelnde Nutzung der Angebote haftbar zu machen. Eine wichtige Überlegung ist dabei sicherlich, dass man völlige Integrationsverweigerer (die so selten nicht sind) mit Sanktionen belegt.

Die Schule kann durch das gemeinsame Lernen zwar mithelfen, eine Integration zu erleichtern, wenn aber im Elternhaus kein Interesse an Bildung und damit an Integration der Kinder besteht, ist die Schule machtlos. Schule ist nur eine von vielen Sozialisationsinstanzen – und noch nicht einmal die wichtigste. Die maßgebliche Sozialisationsinstanz ist und bleibt die Familie, gefolgt von der sogenannten Gleichaltrigengruppe (Peer-Group).

Will die Gesellschaft, dass die Schule als Reparaturinstanz wirkt, so muss Schule neu definiert werden, muss einen völlig anderen Auftrag erhalten. Dann müssen zusätzlich zum Unterricht Erziehungs- und Betreuungsangebote geschaffen werden. Dann muss die Politik aber auch ganz deutlich sagen, dass es in der Schule nicht mehr nur um Unterricht geht, sondern um eine Rundumbetreuung.
Im Bildungsbericht 2010 kann man Folgendes lesen:
»Die Vermittlung von Wissen und Können und die zielgerichtete pädagogische Förderung, Unterstützung und Betreuung müssen in allen Bildungsbereichen stärker aufeinander bezogen werden: Zwischen der Bildungs- und der Förder- und Betreuungsfunktion des Bildungswesens besteht eine enge Wechselbeziehung, der derzeit noch nicht umfassend entsprochen wird. Insbesondere übernehmen mit der Ausweitung der öffentlich verantworteten Bildungszeiten die Bildungseinrichtungen verstärkt Aufgaben, die traditionell Familien erfüllten. Es gilt in allen Bildungsbereichen, sowohl den wachsenden kognitiven Anforderungen an eine wissensbasierte Gesellschaft gerecht zu werden, als auch den Erwartungen an eine kontinuierliche Förderung und Betreuung aller Bildungsteilnehmerinnen und Bildungsteilnehmer zu entsprechen.«
Hier wird es klar ausgesprochen: Die Schule übernimmt Aufgaben, die bislang die Familie zu erfüllen hatte. An dieser Stelle muss man sich grundsätzlich fragen, ob diese Entwicklung wirklich so weitergehen soll? Aber noch ist die Schule – wie hier immer wieder angemahnt wird - eine Bildungseinrichtung, deren vordringliche Aufgabe der Unterricht ist. Es wäre mehr als wünschenswert, wenn dies auch in Zukunft so bliebe. Ein neues Ganztagesschulkonzept könnte – vielleicht – notwendige Veränderungen im Schulwesen, wie sie im Bildungsbericht genannt werden, mit sich bringen. Vormittags Unterricht durch Lehrer und am Nachmittag Betreuung durch pädagogische Hilfskräfte, Sozialarbeiter und Erzieher.

Der Lehrer soll jungen Menschen Bildung ermöglichen, er soll den Schülern das Wissen und Können vermitteln, das ihnen als Basis für ihr gesellschaftliches Leben dienen kann. Als Hilfe für die Bewältigung von gesellschaftlichen, beruflichen und vielleicht auch privaten Problemen stehen dann eben dafür ausgebildete Psychologen, Sozialpädagogen und andere Betreuer zur Verfügung – nicht die Lehrer.

Bildung ist jedoch nicht nur eine Frage von Wissen, sondern Bildung umfasst und erfasst den Menschen in seiner Gesamtheit. Jeder kann auf seiner intellektuellen Stufe gebildet sein; ein Handwerker ebenso wie ein Professor. Bildung hat immer etwas mit Selbstverwirklichung und persönlicher Weiterentwicklung zu tun. Deshalb ist es auch so verwunderlich, dass gerade die »Selbstverwirklichungspädagogen« den Bildungsbegriff im Humboldtschen Sinne so vehement ablehnen. Vielleicht kommt es daher, dass Bildung im Humboldtschen Sinne auf die Bildungswirksamkeit von Inhalten setzt. Bei den »neuen Pädagogen« spielt aber die Vermittlung von Inhalten ja nur noch eine untergeordnete Rolle. Bildung vollzieht sich aber an Inhalten – und das unabhängig von der Schulart. Jede Schulart vermittelt, auf dem jeweiligen Niveau, die ihr angemessenen Inhalte und ermöglicht damit Bildung – für die, die Bildung erwerben wollen. Wissen ist nicht Bildung – aber Bildung ohne Wissen gibt es nicht.

Pädagogik ohne Ende

Zunächst muss man fragen, ob die Pädagogik überhaupt eine eigenständige Wissenschaft ist?
Es war ein langer Weg, den die Pädagogik zurücklegen musste, um sich als eine eigene Wissenschaftsdisziplin zu etablieren. Generationen von Pädagogen haben darum gekämpft, sich von der Philosophie und der Theologie zu emanzipieren. Bis ins beginnende zwanzigste Jahrhundert hinein war die Pädagogik eine »Scheinwissenschaft«. Professoren für Philosophie, wie beispielsweise auch Kant, wurden verpflichtet, Vorlesungen über Pädagogik zu halten.
Wäre die Pädagogik, was sinnvoll gewesen wäre, Teil der Philosophie geblieben, hätte man sie vielleicht (in der Folge der Rede von Friedrich Wilhelm VI im Jahre 1849 vor Seminarlehrern, in der er von »Afterbildung« sprach) nicht als »Afterwissenschaft« bezeichnet und ihr mehr Respekt entgegengebracht. Pädagogen rangieren im gesellschaftlichen Ansehen noch immer ziemlich weit auf den hinteren Rängen und werden nicht selten mitleidig, abschätzig oder höhnisch belächelt – oft wohl zurecht.
In dem Bestreben, die Pädagogik als eigene, unverzichtbare Wissenschaftsdisziplin zu verankern, vereinnahmen Pädagogen inzwischen nahezu alle Lebensbereiche von Kindern, Eltern, ja der gesamten Gesellschaft. Dies ist ein untauglicher Versuch von Pädagogen ihre Existenzberechtigung nachweisen.
Vom Kindergarten bis zur Erwachsenenbildung wollen diese Pädagogen den Menschen »ganzheitlich im Griff haben«.
Anmerkung: Pädagogik und Erziehungswissenschaft sollen hier (aller internen Begriffsunklarheiten zum Trotz) synonym verwendet werden. Die Pädagogik, die Erziehungswissen-

schaft, ist eine theoretische, universitäre Auseinandersetzung mit Bildung und Erziehung.

Pädagogische Theorien liefern jedoch selten bis nie brauchbare, praxisrelevante Handlungsanleitungen. Wenn Pädagogen auf die schulische Praxis Einfluss nehmen, dann bis heute häufig mit negativen Ergebnissen - woran das wohl liegen mag?

Viele Lehrer arbeiten intuitiv und orientieren sich am »gesunden Menschenverstand«. Aber genau das wollen die Erziehungswissenschaftler verhindern und diskreditieren den »gesunden Menschenverstand« als nicht akzeptable Kategorie. Dabei ist der gesunde Menschenverstand eine Fähigkeit, die oft bei der Bewältigung von alltäglichen Problemen hilfreicher ist, als alle wissenschaftlichen Analysen. Die wichtigste Voraussetzung für den gesunden Menschenverstand ist – im Sinne Kants – das »Selbst denken«.

Die gesamte heute existierende Erziehungswissenschaft scheint bei näherer Betrachtung ein sich selbst erhaltendes System zu sein, in dem Wissenschaftler für Wissenschaftler forschen und publizieren - oft ohne jeden erkennbaren Bezug zur realen Schulwirklichkeit. Es werden Theorien über Theorien zu anderen Theorien entworfen und mit Feuereifer vertreten. Diese pädagogischen »Forschungen« erwecken leider den Anschein, dass gelegentlich mehr geraten als geforscht wird, dass man in den Erziehungswissenschaften im Trüben fischt und mit sogenannten Forschungsergebnissen aufwartet, die entweder längst bekannt oder absolut spekulativ sind. Gelegentlich entsteht auch der Eindruck, dass die Ergebnisse der Forschung längst vorgefasste Meinungen der Forscher lediglich noch bestätigen. Schon 1925 formulierte Siegfried Bernfeld in Sisyphos oder die Grenzen der Erziehung: »Denn die Pädagogik hält nicht, was man sich von ihr verspricht. Sie gibt keine klaren, eindeutigen, konkreten Anweisungen, ihre Mittel sind selten wirklich erfolgssicher, ihre Prognosen oft falsch, nie gewiss, immer in eine späte, unabsehbare Zukunft weisend.«

In den oft pseudowissenschaftlichen Analysen der Pädagogen werden Probleme von Bildung und Erziehung lediglich zerredet. So bleibt alles im Unverbindlichen und es gibt kaum je konkrete Ergebnisse, die Lehrern, Schulleitern oder Eltern in ihrer täglichen Erziehungsarbeit helfen würden. (Das erledigt dann das Fernsehen mit der »Super Nanny«.)

Die meisten Forderungen, die von Pädagogen (weniger von Lehrern) bezüglich der Schule erhoben werden, sind so nebulös formuliert, dass man ihnen kaum widersprechen kann. Wer kann schon dagegen sein, dass Kinder in der Schule glücklich und fröhlich sein sollen. Wer will nicht, dass Kinder optimal gefördert werden sollen. Wer will schon dagegen sein, dass Kinder sich selbst verwirklichen sollen und eine je eigene Identität aufbauen können sollen. Wer wünscht sich nicht, dass Kinder Demokratie lernen sollen. Mit solchen Allgemeinplätzen wird aber kein einziger realistischer Hinweis auf eine sinnvolle Umsetzung im Schulalltag gegeben.

Man könnte auch formulieren, dass es die Verantwortungslosigkeit ist, die diese »Wissenschaft« schon fast gefährlich macht. Andere Berufsgruppen (ausgenommen selbstverständlich Politiker, Banker und Manager) werden normalerweise bei gravierenden Fehlleistungen zur Rechenschaft gezogen.

»Lieber alle gleich schlecht, als unterschiedlich gut.«

(Thomas Oppermann, SPD), zitiert aus Fleischhauer, S. 119.)
Seit Picht 1964 den Begriff der deutschen Bildungskatastrophe prägte, und als Beispiel, das schon fast legendäre katholische Mädchen von Lande anführte, das - so Picht - kaum je eine Chance hatte, eine höhere Bildung zu erwerben, werden die Schulen als Experimentierfeld von den Pädagogen missbraucht.
Die nach der Picht´schen Feststellung entstandene Panik der Pädagogen und Politiker und die daraufhin in Gang gesetzten Bildungsreformen waren oft reiner unreflektierter Aktionismus, der sich in den folgenden Jahren katastrophal für die gesamte Bildungspolitik auswirkte. Die Nachfolger der 68er haben das Bildungssystem und die bis dahin einigermaßen ordentlich funktionierende Schullandschaft nachhaltig negativ verändert. Wenn man seit den 68er predigt, dass Hauptschüler die letzten »Deppen« seien, weil sie von der Gesellschaft der Erfolgreichen ausgeschlossen würden, darf man sich nicht wundern, dass immer mehr Schüler nach der Grundschule in Realschulen oder Gymnasien drängten, bzw. von den Eltern gedrängt wurden. Um mehr Schüler in diese Schularten zu bekommen, hatte man die Türen durch ständig herabgesetzte Übergangsanforderungen weit – zu weit - geöffnet. Jetzt treiben sich an Gymnasien und Realschulen Schüler herum, die in dieser Schulart nie und nimmer richtig verortet sind.
»Student aufs Land« hieß in den 60ern eine der Aktionen, mit der die benachteiligte ländliche Bevölkerung endlich »befreit« werden sollte. Mit missionarischem Eifer zogen Studenten (müssen wohl Soziologie- und Pädagogikstudenten gewesen sein) auf und über das Land und versuchten - leider erfolgreich - den »unwissenden Landmenschen«, die bis dato

eigentlich ganz zufrieden waren, klar zu machen, dass sie benachteiligt seien und nur das Abitur sie aus ihrem Elend befreien könne. Anscheinend machte und macht für diese Fantasten nur das Abitur den Menschen zum Menschen.
Auch wenn es einstmals sicherlich zu wenig Abiturienten gab, so kann doch heute die Lösung nicht lauten, jedem, der einen zusammenhängenden Satz formulieren kann, das Abitur zu bescheinigen.
Wie drückte es vor Jahren ein emeritierter Professor in einem Vortrag aus: »In manchen Bundesländern verhindert eigentlich nur noch ein Selbstmord das Abitur«.
Wenn aber nun jeder Abitur hat, die entsprechenden Positionen in Industrie, Handel und Wissenschaft jedoch nicht beliebig vermehrbar sind, setzt ein gnadenloser Kampf um die wenigen Führungspositionen ein. Alle wollen Häuptling, keiner will mehr Indianer sein. Welche anderen Kriterien, wenn nicht der Bildungsabschluss, sollen dann noch als Auswahlkriterien für gehobene Positionen dienen? So wie ehemals Geburtsstand, Beziehungen, Reichtum? Eine Selektion findet in jedem Fall statt – wenn nicht in der Schule, dann eben später mit anderen, härteren Kriterien. Ständig wird gepredigt und teilweise auch in Ansätzen schon durchgesetzt, dass Schule keine Selektionsfunktion haben dürfe. Aber wir leben nicht in einer sozialistischen, utopischen und gleichgeschalteten Welt – weil es die (glücklicherweise) nicht gibt. Wir kommen nicht um eine Selektion herum. Es sind nun einmal nicht alle Menschen gleich leistungsfähig.
In diesem Zusammenhang wurde und wird immer wieder die Chancengleichheit ins Feld geführt. Es gibt keine Chancengleichheit. Die Chancengleichheit hört spätestens bei der Zeugung auf. Je nachdem, in welches Bett man geboren wird, hält das Leben mehr oder weniger Vergünstigungen bereit. Das mag für manche Weltverbesserer unerträglich sein, aber so ist nun mal die Realität.

In einem Akademikerhaushalt erfährt ein Kind in der Regel sehr viel mehr Förderung als in einem Unterschichthaushalt. Da helfen auch alle sozialistischen Gleichmacherei-Fantasien nichts. Auch in den »glorreichen sozialistischen Staatssystemen« wurden und werden Chancen und Privilegien nach der Willkür der Herrschenden vergeben. In der ehemaligen DDR beispielsweise durfte nur der studieren, der brav und linientreu war. In einer funktionierenden Demokratie haben aber auch sogenannte »Unterschichtkinder« eine reelle Chance auf Bildungserwerb und gesellschaftlichen Aufstieg – wenn sie zum einen die notwendigen intellektuellen Fähigkeiten besitzen und zum anderen von den Eltern gefördert und gefordert werden. In diesem Zusammenhang ist es sinnvoll, nicht von Chancengleichheit sondern von Chancengerechtigkeit zu sprechen. Die Chancen, Abitur machen zu können, sind in den letzten vierzig Jahren deutlich gestiegen – wie alle Statistiken belegen.

Der vermehrte Ausstoß von Abiturienten seit den 70er Jahren brachte jedoch keinerlei Steigerung von Qualität. (1960 besuchten etwa 10% eines Schülerjahrgangs ein Gymnasium; 1995 waren es etwa 36% und 2008 etwa 45% - das kann man mit Recht als gravierende Steigerung bezeichnen.)

Die Qualität von Schulabgängern aller drei Schularten ist von Jahr zu Jahr allerdings nicht besser, sondern immer schlechter geworden, wie Berichte der Industrie und auch der Universitäten belegen. Die mangelnde Ausbildungsfähigkeit der Schulabgänger wird zwar allgemein beklagt, aber niemand tut etwas - am allerwenigsten die Lehrer selbst. Eine Ursache dieses Qualitätsmangels ist sicherlich, dass viele Schüler in der Schulart, in der sie sich befinden, überfordert sind. Es muss eine gewisse intellektuelle Leistungsfähigkeit vorhanden sein, um in einer Realschule oder einem Gymnasium bestehen zu können. Man hat diese Schularten ehemals nicht geschaffen, um schichtenspezifische Zuordnungen vorneh-

men zu können, wie manche böswillig unterstellen. Man hat in Schularten differenziert, weil sich zeigte, dass jeder Mensch bestimmte Fähigkeiten, die auch begrenzt sein können, mit sich bringt und die ihn jeweils zu einem bestimmten Grad an Abstraktionsvermögen befähigen. Ist ein Mensch mit handwerklichen Fähigkeiten gesellschaftlich geringer einzustufen als ein Intellektueller mit hohem Abstraktionsvermögen?
Auch in Gesamtschulen muss nach Fähigkeiten differenziert werden, da nicht alle auf dem gleichen Niveau lernen können. Es ist nicht jeder ein Einstein – auch wenn manche Psychologen und Pädagogen das Eltern gerne einreden wollen.
Wir kommen nicht als Tabula rasa auf die Welt, wir bringen bestimmte Fähigkeiten oder Begabungen mit. Diese bilden die Basis unserer Lernfähigkeit. Es ist Aufgabe der Schule, vorhandene Potenziale herauszufinden, optimal zu fördern, zu erweitern und sinnvoll zu nutzen. Damit vielleicht erst später entdeckte Fähigkeiten dennoch genutzt werden können, muss das Schulsystem so durchlässig gestaltet sein, dass Übergänge relativ problemlos erfolgen können. Die Durchlässigkeit im Schulsystem war seit den 60er Jahren immer gegeben. Das bedeutet jedoch nicht, dass diese Durchlässigkeit nicht auch noch verbessert werden könnte. Es soll sogar Professoren geben, die zunächst »nur« eine Hauptschule besucht haben, bevor ihre Fähigkeiten entdeckt und gefördert wurden. Wer den direkten schulischen Weg zunächst nicht gehen wollte oder konnte, hat nach einer Berufsausbildung noch immer die Chance, über den so genannten zweiten Bildungsweg sowohl den Realschulabschluss als auch das Abitur nachzuholen. Die Durchlässigkeit ist gegeben, man muss sie nur nutzen. Wer will der kann – aber wollen muss man schon selbst.
Anmerkung: Im Moment muss man allerdings feststellen, dass durch die immer weitere Ausdifferenzierung von Schultypen (nicht Schularten) ein Übergang von einer Schulart in

eine andere eher erschwert wird. Vielleicht sollte man hier einmal die Reformwut etwas gründlicher hinterfragen.

Die ursprüngliche Idee von Picht war wohl nicht die, das gesamte Schulsystem grundlegend zu verändern, sondern bestehende Ungerechtigkeiten und Schranken abzubauen und eine Nutzung von Begabungsreserven zu erreichen. Das vielgenannte katholische Mädchen vom Lande sollte eben auch die Chance bekommen, bei einer vorhandenen Befähigung, ein Gymnasium besuchen zu können. Es ging Picht weniger um Bildung im Humboldtschen Sinne als Verwirklichung des Selbst, als um eine Ausschöpfung und Ausnutzung vorhandener Bildungsressourcen für die Industrie, damit diese international wettbewerbsfähig bliebe.
Der Sputnik-Schock (die Russen hatten im Jahre 1957 den ersten Erdsatelliten mit dem Namen Sputnik, ins All geschossen) saß so tief, dass manche Bildungspolitiker völlig irrational in einen unreflektierten Aktionismus verfallen sind – mit den Ergebnissen, unter denen wir heute noch zu leiden haben.
Die pädagogischen Nachfolger der 68er haben in einem blindwütigen Aktionismus das Kind mit dem Bade ausgeschüttet und das bestehende Schulsystem insgesamt infrage gestellt. Ein verhängnisvoller Trend setzte ein, der im Laufe der Jahre die Hauptschule immer mehr diskreditierte.
Dass aber ein Hauptschüler, der in dieser Schulart gute Leitungen erbringt, sehr viel eher ein brauchbares Mitglied der Gesellschaft sein kann, als ein unzufriedener und überforderter Realschüler oder Gymnasiast, wird nirgendwo thematisiert. Damit die Versagensfrustration für die sich in der falschen Schulart befindlichen Schüler nicht zu groß werde, senkt man eben das Anforderungsniveau.
Ein satirisches Beispiel, das seit Jahren immer wieder einmal hervorgeholt wird (die Quelle war nicht exakt zu belegen), mag dies verdeutlichen.

Mathematik im Wandel der Zeit

Volksschule 1960:
Ein Bauer verkauft einen Sack Kartoffeln für 50 DM. Die Erzeugerkosten betragen 40 DM. Berechne den Gewinn.

Realschule 1970:
Ein Bauer verkauft einen Sack Kartoffeln für 50 DM. Die Erzeugerkosten betragen vier Fünftel des Erlöses. Wie hoch ist der Gewinn?

Gymnasium 1980:
Ein Agrarökonom verkauft eine Menge subterraner Feldfrüchte. Die Menge Geld (G) hat die Mächtigkeit 50. Für die Elemente G gilt: G ist 1. Die Menge der Herstellerkosten (H) ist um 10 Elemente geringer als die Menge G. Zeichnen Sie das Bild der Menge H als Teilmenge der Menge G und geben Sie die Lösungsmenge L für die Frage an: Wie mächtig ist die Gewinnsumme?

Gesamtschule 1990:
Ein Bauer verkauft einen Sack Kartoffeln für 50 DM. Die Erzeugerkosten betragen 40 DM und der Gewinn 10 DM. Unterstreiche das Wort Kartoffel und diskutiere mit Deinem Nachbarn darüber.

Autonome Erlebnisschule 1995:
Ein Bauer bietet auf dem Öko-Markt Biokartoffeln an. Nehme eine Kartoffel in die Hand. Wie fühlt sie sich an? Wie riecht sie? Schabe etwas Erde ab, zerreibe sie zwischen Deinen Fingern. Atme den Geruch tief ein. Schließe die Augen und versetze Dich in die Kartoffel. Du bist die Erde. Fühle die Feuchtigkeit, die Dunkelheit... Komme jetzt zurück. Öffne die Augen. Erzähle Deinem Nachbarn von Deinen Erfahrungen.

Freie Waldorfschule 1995:
Male einen Sack Kartoffeln und singe ein Lied dazu.

Die Verantwortung für das niedrige Niveau der Schulabschlüsse weisen Pädagogen und Politiker natürlich weit von sich. Schuld sind dann vor allem die Lehrer in den Klassenzimmern, die nicht in der Lage sind, aus jedem »kognitiv Unterversorgten« einen Universalgelehrten zu machen.
Als Heilmittel wurde die Gesamtschule ins Leben gerufen. In Baden-Württemberg blieb es glücklicherweise bei einigen Versuchsschulen. Die Gesamtschule brachte in keinem Fall die erhofften positiven Ergebnisse. Es muss nämlich auch in dieser besonderen Schulart differenziert werden. Man gliedert in den Gesamtschulen eben in »A«-, »B« oder »C«– Kurse. Wie hat es der frühere große dicke Kanzler einmal formuliert: »Wichtig ist, was hinten raus kommt.« Und was bei den Gesamtschulen hinten raus kam, war mehr als dürftig. Begriffe wie Bildung oder Wissen sind da teilweise völlig fehl am Platz. Wäre die Gesamtschule der Schlüssel zur Lösung unserer Schulprobleme, hätte man sie längst flächendeckend eingeführt und wir hätten gut ausgebildete Schüler und zufriedene Lehrer. Doch das Gegenteil ist der Fall. Wir haben in dieser Schulart unglückliche Lehrer und schlecht ausgebildete Schüler.
Das dreigliedrige Schulsystem ist, richtig gehandhabt, das optimale Schulsystem, um alle vorhandenen Begabungsreserven zu erkennen, zu fördern und zu nutzen. »Richtig gehandhabt« bedeutet, dass das Schulsystem – wie bereits erwähnt - vollständig durchlässig sein muss, sodass Kinder und Jugendliche, bei denen »der Knopf etwas später aufgeht«, immer noch, entsprechend ihrer Begabungen, auf eine andere Schulart wechseln können.
Die Hauptschule wurde jahrzehntelang totgeredet. Damit wurde bewirkt, dass diese nun wohl leider aus der Bildungs-

landschaft verschwinden wird – zugunsten einer Sekundarschule, in der als Einheitsschule die bisherige Haupt- und Realschule zusammengeführt werden. In Baden-Württemberg hat man ab dem Schuljahr 2010/11 die Werkrealschule als neue Schulform (nicht Schulart) eingeführt. Es handelt sich um eine Hauptschule, in der begabte Schüler freiwillig eine zehnte Klasse besuchen und damit die Mittlere Reife erhalten können. Diese Werkrealschule ist ein Etikettenschwindel. Hätte man rechtzeitig und gekonnt gesteuert, wären eher theoretisch begabte Kinder gleich an eine Realschule gekommen. Wenn die Übergänge von einer Schulart zur anderen, die zwar grundsätzlich vorhanden sind, sinnvoll genutzt würden, so könnten die Schüler auch nach der siebten Klasse, in der die Empfehlung für die Werkrealschule erfolgt, gleich an eine Realschule wechseln.

Was will man mit der Einführung der Werkrealschule erreichen? Eine Verbesserung der Schullandschaft? Eine Verbesserung des Unterrichts? Eine Verbesserung der Bildung? Eine Verbesserung von Wissen und Können? Wohl kaum. Auch der Vorstoß »länger gemeinsam lernen«, ist nicht geeignet, die Leistungsfähigkeit der Schule bzw. der Schüler zu verbessern und angebliche Benachteiligungen von Kindern aus so genannten bildungsfernen Schichten zu beheben. In Berlin, wo es die sechsjährige Grundschule gibt, zeigte eine Leistungserhebung ganz klar, dass die Kinder der sechsjährigen Grundschule große Leistungsdefizite gegenüber den Kindern der sechsten Klassen an Gymnasien haben (u.a. Zeit Online 2008/17 – Interview mit Rainer Lehmann). Um diese Leistungsdefizite zu kaschieren, wird in der sechsjährigen Grundschule der soziale Aspekt überdeutlich betont.

Exkurs: Vergleiche sind meist wenig hilfreich.

Um Reformen – wie das längere gemeinsame Lernen - zu rechtfertigen, werden dann Vergleiche mit Bildungssystemen anderer Länder, vor allem mit den skandinavischen Ländern angestellt. Da werden von den Pädagogen und Soziologen dann wirklich Äpfel mit Birnen verglichen. Normalerweise ergeben Vergleiche nur dann einen Sinn, wenn man gleiche oder ähnliche Systeme zueinander in Beziehung setzt. In Finnland z. B., das so gerne von den »Zukunftspädagogen« ins Feld geführt wird, herrschen so vollkommen andere Verhältnisse in der gesamten Bildungslandschaft, dass sich jeder Vergleich verbietet. Man kann sich zwar überall Denkanstöße holen, aber man sollte doch intelligent genug sein, um zu merken, dass man die Systeme nicht übertragen kann. Gerade in Finnland, das ja so vorbildlich sein soll, wird ein ziemlich restriktiver Frontalunterricht praktiziert. Thelma von Freymann: »Finnische Lehrkräfte geben Frontalunterricht, mit dem kein deutscher Lehramtsanwärter vor einer Prüfungskommission bestünde. In den Klassenräumen steht immer noch das Katheder auf dem Podium, wie man es hier zu Lande nur noch in Schulmuseen besichtigen kann. Die Schüler sitzen an Einzelpulten, die sich nicht dazu eignen, zu einer Arbeitsfläche für Gruppenarbeit zusammengerückt zu werden. Die gesamte Reformpädagogik ist an der finnischen Lehrerausbildung vorbeigegangen.« (aus: Welt online vom 08.03.03)

Übrigens hat auch Norwegen ein ähnliches Schulsystem wie Finnland – schneidet aber in der PISA – Studie noch schlechter ab als Deutschland.

Die Leistungsfähigkeit der Schule hängt nicht vom Schulsystem ab, sondern von den daran Beteiligten. Gut ausgebildete Lehrer, klare Leistungsanforderungen und lernwillige Schüler sind für guten Unterricht und damit für gute Schulleistungen von ausschlaggebender Bedeutung.

Die derzeitige Tendenz zur Nivellierung der bundesdeutschen Bildungslandschaft ist ein verhängnisvoller Weg, der die bestehenden Defizite nicht beseitigt, sondern letztlich weiter verstärkt und damit bewirkt, dass Deutschland irgendwann international überhaupt nicht mehr konkurrenzfähig sein wird.

Industrie und Handwerk beschweren sich immer häufiger und immer heftiger darüber, dass viele unserer Schulabgänger nicht ausbildungsfähig seien. So haben manche Industriebetriebe bereits interne Nachhilfe für ihre Auszubildenden organisiert. Mit solchen Maßnahmen versuchen die Betriebe, ihren Auszubildenden erst einmal die Basiskompetenzen wie Lesen Schreiben und Rechnen beizubringen. Das wäre eigentlich die ureigenste Aufgabe der Schule. Pädagogen, wir loben euch!

Wenn man Bücher wie »Generation Doof« (Bonner, Stefan; Weiss, Anne) oder »Seichtgebiete – warum wir hemmungslos verblöden« (Jürgs, Michael) liest, dann kann man den Eindruck gewinnen, dass »Bildungsferne Schichten« nicht die Ausnahme, sondern fast schon die Regel sind. Und wenn man sich in manchen Schulen - gleich welche Schulart - umschaut, so scheint sich dieser Eindruck zu bestätigen.

Zwar spielen in Deutschland Privatschulen mit etwa 7,6 % der Schülerschaft noch eine untergeordnete Rolle, aber es ist ein verstärkter Zulauf an die Privatschulen erkennbar. Privatschulen kosten Geld und sichern den Kindern intensive und individuelle Förderung zu. In anderen (auch europäischen) Staaten spielt das privat bezahlte Schulwesen eine wesentlich stärkere Rolle. Vielleicht sollte man aus dieser Tatsache einmal den Schluss ziehen, dass das kostenfreie staatliche Schulwesen in Deutschland (noch) so gut ist, dass Privatschulen für ein höheres Bildungsniveau nicht benötigt werden. Dennoch schicken immer mehr Eltern, die es sich leisten können und die sich um die Qualität an den staatlichen Schulen Sorgen machen, ihre Kinder auf Privatschulen.

Bildungspläne - viel Ungereimtheiten zwischen zwei Buchdeckeln.

Es gab einmal recht ordentliche Lehrpläne (Bildungspläne) in Baden-Württemberg. Als Beispiel sei hier lediglich der Bildungsplan von 1994 genannt. 1994 z. B. wurde ein Bildungsplan geschaffen, der sogar bei den meisten Lehrern Zustimmung fand. 2004 wurde dieser Plan gegen einen neuen Bildungsplan ausgetauscht. Der neue Plan ist das Papier nicht wert auf dem er steht. Soviel Verwirrung war nie unter Lehrern. In anderen Bundesländern wird seit Jahren um neue Bildungspläne gerungen – ohne momentan sichtbaren Erfolg.
Es sind drei Elemente, die schlagwortartig mit der Einführung des Bildungsplanes im Jahre 2004 unablässig gepredigt wurden.
Das erste Element ist der sogenannte Paradigmenwechsel von einer sogenannten Input- zu einer Outputsteuerung. Dies ist schlicht so nicht richtig und ein reiner Etikettenschwindel. Jeder Unterricht, der mit einer Prüfung endet, ist letztlich immer outputorientiert, denn die Anforderungen für die Prüfung legen fest, was ein Schüler am Ende einer bestimmten Klassenstufe können muss, wenn er die Prüfung bestehen will. Das ist weder neu noch besonders bahnbrechend.
Das zweite Element ist die Einführung von Standards. Was sind denn nun Standards allgemein und was sind dann Bildungsstandards? Kann man Bildung standardisieren? Standards sind Übereinkünfte über die Qualität eines Produktes (oder das Niveau eines Abschlusses).
Für die Bildungspläne von Baden-Württemberg gilt:
»Bildungsstandards legen fest, über welche fachlichen, personalen, sozialen und methodischen Kompetenzen die Schülerinnen und Schüler bis zum Ende einer bestimmten Klassenstufe

verfügen müssen.« (Landesbildungsserver Baden-Württemberg)

Standards beschreiben also Kompetenzen. Da Kompetenzen (von verschiedenen Pädagogen) sehr unterschiedlich definiert und beschrieben werden, erscheint es zumindest recht fragwürdig, Standards in Bildungsplänen verankern zu wollen.

Das dritte Element sind nun eben die bereits genannten Kompetenzen. Der Unterricht hat kompetenzorientiert zu sein. Fragt man Politiker und sogenannte Bildungsexperten, was »kompetenzorientiert« für den täglichen Unterricht bedeutet, so bekommt man Antworten, die einer babylonischen Sprachverwirrung gleichen.

Von F. E. Weinert wurde im Jahre 2001 die heute gängigste Definition zum Kompetenzbegriff formuliert. Vereinfacht gesagt kann man Kompetenzen demnach so beschreiben: Kompetenzen = Wissen + Können (Fähigkeiten plus Fertigkeiten + Einstellungen).

Lehrer unterrichten nun also per Definition kompetenzorientiert. Es klingt eben gut, wenn man Kompetenzen vermittelt, anstatt einfach zu unterrichten und Ziele zu erreichen.

Ein Lehrer an einer Realschule in Baden-Württemberg unterrichtet heute normalerweise drei Fächer plus vielleicht noch ein bis zwei Fächer fachfremd. Wenn er dazu noch hauptsächlich sogenannte Nebenfächer unterrichtet, so umfasst seine »Schülerschaft« etwa 300 Schüler.

Selbstverständlich ist dieser, ja ist jeder Lehrer in der Lage, die Fähigkeiten jedes einzelnen dieser 300 Schüler zu erkennen und zu fördern, sodass am Ende Kompetenzen ausgebildet werden können. Da zeigt sich wieder einmal die unrealistische Weltsicht mancher Pädagogen.

Die heutigen Pädagogen unterschlagen gerne – wie mehrfach erwähnt - die unabdingbar notwendige Wissensvermittlung als Basis jeder Kompetenz. Bei Humboldt findet sich folgende Aussage:

»Es gibt unabweisbar gewisse Kenntnisse, die allgemein sein müssen, und noch mehr eine gewisse Bildung der Gesinnungen und des Charakters, die keinem fehlen darf. Jeder ist offenbar nur dann guter Handwerker, Kaufmann, Soldat und Geschäftsmann, wenn er an sich und ohne Hinsicht auf seinen besonderen Beruf ein guter, anständiger, seinem Stande nach aufgeklärter Mensch und Bürger ist. Gibt ihm der Schulunterricht, was hierfür erforderlich ist, so erwirbt er die besondere Fähigkeit seines Berufs nachher so leicht und behält immer die Freiheit, wie im Leben so oft geschieht, von einem zum anderen überzugehen.« (Humboldt: Rechenschaftsbericht an den König, 1809).

Nur vor diesem Hintergrund – einer auf Inhalten beruhenden Bildung – erscheint der heute verwendete Kompetenzbegriff verständlich und sinnvoll. Fähigkeiten bringen die Schüler mit, denn es handelt sich um eine genetische Disposition wie z. B. die Musikalität oder die Motorik. Die Fertigkeit ist die sogenannte Handwerkskunst, die man durch stetiges Üben erwirbt.

Der derzeit gültige Bildungsplan von 2004 trägt nicht dazu bei, das Niveau der Schule anzuheben. Unterricht funktioniert nur deshalb noch einigermaßen, weil viele Lehrer eben genauso weiterarbeiten wie bisher. Die im Bildungsplan fehlenden verbindlichen Inhalte werden durch die Schulbücher festgeschrieben. Viele Lehrer unterrichten ganz einfach und sinnvollerweise nach den auf dem Markt befindlichen Schulbüchern.

Viele der »neuen Pädagogen« wollen keine ganz verbindlichen Inhalte in den Bildungsplänen festgeschrieben sehen, weil Wissen ja angeblich eine so geringe Halbwertszeit besitzt, dass es sich nicht mehr lohne, Fachwissen zu erwerben. Wissen hat jedoch keine Halbwertszeit, denn Wissen zerfällt nicht, wie dies Atomkerne tun; Wissen wird ständig ergänzt und erweitert. Dies geschieht gegenwärtig tatsächlich in atemberaubend hohem Tempo. Um aber, bei dem rapiden Zuwachs von Fachwissen einigermaßen mithalten zu können, ist ein fundiertes Grundwissen notwendig, denn nur auf der Basis eines stabilen Wissensfundamentes ist es möglich, sich mit dem rasch erweiternden Wissen auseinanderzusetzen und dieses überhaupt verstehen zu können. Bildung und damit Kompetenzen werden an Inhalten erworben. Es ist Aufgabe der Schule und der Schulpolitik geeignete und verbindliche Inhalte auszuwählen und in Bildungsplänen verbindlich festzulegen. Man kann Themen nicht willkürlich austauschen, um eine bestimmte Kompetenz zu erwerben.

Es muss klar sein, mit welchen Lerngegenständen sich ein Realschüler, der nach der zehnten Klasse entlassen wird, auseinandergesetzt hat und mit welchem Wissen und Können er die Realschule verlässt.

Bildungspläne müssen so beschaffen sein, dass Wissen und Bildungserwerb wieder klar an Inhalte gekoppelt sind und deutlich ausformuliert werden.

Fächerverbünde – der vernetzte Unsinn

Eine weitere Fehlentwicklung, die im Bildungsplan von Baden-Württemberg festgeschrieben ist und die die Qualität von Unterricht grundlegend schädigt, sind die sogenannten Fächerverbünde, also die Zusammenlegung bisher getrennt unterrichteter Fächer zu einem neuen Fach. Diese Fächerverbünde wurden in allen Schularten eingeführt. In der Grundschule gibt es MeNuK (Mensch, Natur und Kultur). Die Hauptschule wurde mit den Fächerverbünden MNT (Mensch – Natur – Technik), WZG (Welt – Zeit – Gesellschaft) und WAG (Wirtschaft – Arbeit – Gesundheit) beglückt. Die Realschule hat unter EWG (Erdkunde – Wirtschaftskunde – Gemeinschaftskunde) und NWA (Naturwissenschaftliches Arbeiten) zu leiden. Am Gymnasium schließlich gibt es GWG (Geografie – Wirtschaft – Gemeinschaftskunde). (Quelle: Große Anfrage der SPD »Erfahrungen mit den Fächerverbünden an unseren Schulen« vom 02.04.2009)

Dazu gibt es am Gymnasium noch das Fach NwT (Naturwissenschaft und Technik), das als Profilfach zusätzlich zu den naturwissenschaftlichen Fächern Biologie, Chemie und Physik unterrichtet wird. Die folgenden Ausführungen beziehen sich meist auf den Fächerverbund NWA an den Realschulen. Ähnliches lässt sich aber auch für die anderen Fächerverbünde feststellen.

Da gibt es also im Südwesten, forciert durch einige ideologisch fehlgeleitete Pädagogen, Lehrer und Politiker nun Fächerverbünde. In der Realschule wurde der so bezeichnete Fächerverbund NWA (Naturwissenschaftliches Arbeiten), eingeführt. In diesem unsinnigen Konstrukt wurden die Fächer Biologie, Chemie und Physik zu dem Fach NWA vereinigt.

Man will, so die Meinung der Schöpfer und Befürworter der Fächerverbünde, vernetztes Denken in Sinnzusammenhängen fördern. Kinder sollen nun vernetzt denken lernen. Das ist ja aber auch ganz neu! Was will man denn aber vernetzen, wenn inhaltlich nichts mehr da ist, was man verbinden könnte? In diesen Fächerverbünden wird weder fachliches Wissen noch vernetztes Denken gefördert. Ohne Grundlagenwissen läuft gar nichts beim Lernen. »Wer hat, dem wird gegeben«, sagt die Bibel (vgl. Mt 25,29). Also erst einmal Grundlagenwissen und dann vernetzen. Wer kein Grundlagenwissen mitbringt, wird zusätzliche Inhalte weder verstehen noch vernetzen können.

Die Einführung dieser Fächerverbünde war wohl – es kann nicht oft genug betont werden - eine der größten Fehlleistungen in der Umstrukturierung der Realschule im südwestlichen Bundesland in den letzten Jahren. Die Schüler sollen, so die Befürworter dieser Idee, in der Schule nur noch naturwissenschaftliche Prinzipien erlernen, mit deren Hilfe sie dann eigenständig erarbeitetes »Wissen«, das sie sich schnell und meist unverstanden aus dem Netz »gegoogelt« haben, eigenverantwortlich und selbsttätig zu einem sinnvollen Ganzen zusammenfügen. Wie gesagt, hier treibt der blanke Unsinn seltsame Blüten. Das Wenige, was die Schüler gelernt haben, können sie aber mit hoher Präsentationskompetenz völlig desinteressierten Mitschülern vorstellen. Toll was Politik mit Hilfe von Pädagogen hier wieder einmal gemeinsam zuwege gebracht haben.

Man kann nur hoffen, dass diese unsinnige Entwicklung baldmöglichst wieder aus der Schullandschaft verschwindet und dass die Kinder wieder Biologie, Chemie und Physik lernen dürfen.

Es dürfte wohl kein Zweifel daran bestehen, dass guter Unterricht bei guten Lehrern – in allen Schularten - immer schon dafür gesorgt hat, dass einzelne Wissenselemente nicht unverbunden nebeneinanderstehen blieben, sondern zu einem geistigen Netzwerk verbunden wurden. Dazu sind wahrlich keine Fächerverbünde nötig. Im Bildungsplan von 1994 gab es sogenannte »fächerverbindende Themen«, in denen fächerübergreifend und fächerverbindend bestimmte Themen behandelt werden mussten. Das Thema Wasser z. B. konnte von der Religion über die Biologie und Physik bis zur Technik umfassen. Aber dieser Plan ist leider nicht mehr in Kraft. Stattdessen wurden Fächerverbünde geschaffen.

Anmerkung: An den Pädagogischen Hochschulen, also in der ersten Phase der Lehrerausbildung, werden diese Fächerverbünde überhaupt nicht gelehrt. Das ist auch gut so, denn

auf diesem Wege kann es gelingen, diese Fehlentwicklung zurückzunehmen. Daraus folgt übrigens, dass es keine ausgebildeten NWA-Lehrer gibt. Irgendwann ist der Umstand, dass nur gut ausgebildete Lehrer auch gut unterrichten können, dann sogar in den Köpfen von Ministerialbürokraten gelandet. Jetzt werden in Baden-Württemberg im großem Stil Fortbildungsmaßnahmen (ein sogenanntes Kontaktstudium) etabliert – mit einem wohl zu erwartenden mageren Ergebnis.
Die Leistungen in dem zum Kernfach erhobenen NWA - Fach werden durchgehend mit einer Note bewertet. Als Folge kann man beobachten, dass alle Schüler in etwa gleich-mittelmäßige Noten bekommen, da sich die unterschiedlichen Leistungen in den Fächern (heute sagt man »neupädagogisch« Module) Biologie, Chemie und Physik letztlich irgendwie ausgleichen. In der Industrie formiert sich bereits Widerstand gegen diese Benotungspraxis – leider noch nicht heftig genug.

Die Teamlüge (Hedwig Keller, Die Teamlüge 1997)

In unseren Tagen hört man ständig so interessante Argumente, wie: Schüler sollen heute vorrangig andere Dinge als Fachwissen lernen. Ganz hoch im Kurs steht dabei die Teamfähigkeit.
Dass Teamarbeit unerlässlich ist, wusste in jedem Fall bereits der Ur- und Frühmensch, denn wäre er nicht in der Lage gewesen, im Team zu jagen, so wäre er wohl verhungert und damit nicht unser Vorfahre geworden. Bei unseren Vorfahren

gab es aber sicherlich bereits einen, der das Team führte und die notwendigen Entscheidungen traf. Einer in der Sippe war eben ein wenig schlauer als die anderen und konnte die Gruppe zum Jagderfolg führen. Nicht die körperliche Überlegenheit eines Einzelnen brachte die Sippe weiter, sondern der, der vielleicht Feuer machen konnte oder die geeignete Stelle zur Errichtung eines Lagers erkannte. Die Lernfähigkeit des Einzelnen, von der die gesamte Gruppe profitieren konnte, war vielleicht der entscheidende Faktor im Kampf ums Überleben. Teamfähigkeit ist also nicht neu. Neu ist lediglich, dass manche Pädagogen und Psychologen die jahrelang auf eine fast schon gnadenlose Selbstverwirklichung des Individuums gesetzt haben, jetzt plötzlich den Teamgedanken propagieren. Die Mitmenschen wurden im Prozess der Selbstverwirklichung meist nur unter dem Gesichtspunkt der Nützlichkeit für das eigene Fortkommen und den eigenen Vorteil betrachtet. Dieses Denken hat eine Art von Egomanen hervorgebracht, die nur noch Nabelschau betreiben und sich ständig in ihrer freien Entfaltung gehindert sehen.
Nachdem diese Fehlentwicklung (ungern) erkannt wurde, wird heute in den Schulen Gruppenarbeit propagiert, um (vermeintlich) den Egoismus des Individuums zu überwinden und Teamfähigkeit zu erreichen.
Die Gruppenarbeit, die unter weitgehendem Verzicht von Wissensvermittlung oder Wissenserwerb, Teamfähigkeit fördern soll, kann eigentlich nur so umschrieben werden:
»Wir sind zwar doof, aber wir haben uns alle lieb«.
In allen Bereichen der Industrie und des Handwerks wird Teamfähigkeit vorausgesetzt. Kaum eine Stellenanzeige, in der nicht Teamfähigkeit verlangt wird. Was aber ist damit gemeint? Wollen die Firmen keine freien, unabhängigen und kreativen Mitarbeiter mehr? Wollen sie stromlinienförmige, unkritische und angepasste Menschen, die sich widerspruchslos in irgendwelche Gruppen einfügen? (Vgl. Keller: Die Teamlüge)

Gerade in Gruppen bestehen viele hemmende Einflüsse und stellen deshalb erstklassige Ergebnisse infrage. Teamergebnisse sind häufig deutlich schlechter als Einzelleistungen. Die Tüchtigen werden ausgenutzt und die Faulen ruhen sich auf Kosten der anderen aus. Das hat zur Folge, dass nur mittelmäßige Ergebnisse erzielt werden, dass sich die Fleißigen irgendwann zurückziehen und nicht länger als »Arbeitspferde« missbrauchen lassen wollen. (Klein, Susanne: Erfolglos im Team). Was heute als Teamfähigkeit bezeichnet wird, wurde früher ganz schlicht Kollegialität genannt. Damit war ein Mitarbeiter gemeint, der in der Lage war, mit seinen Kollegen relativ reibungsfrei und freundlich zusammenzuarbeiten.

Einen großen Vorteil hat das Team für die Beteiligten: Wenn das Vorhaben gescheitert ist, muss man sich nicht alleine für den Misserfolg verantworten, man kann sich immer hinter den anderen verstecken. Das Team ist schuld – und damit wird alles wieder etwas unpersönlicher.

Anmerkung: Letztlich werden in der Industrie in der Regel keine Teams in höhere Positionen befördert, es wird der im Team befördert, der das Team am besten steuern konnte, der die beste Einzelleistung erbrachte und der das Team zu insgesamt zu besserer Leistung bringen konnte.

Ein Team kann nur funktionieren, wenn eine klare Führung vorhanden ist (in der Schule kann und soll das der Lehrer sein) und wenn eine unmissverständliche Aufgabenstellung vorliegt (in der Schule kommt diese vom Lehrer). Teamarbeit kann nur gelingen, wenn jedes Teammitglied über ein hohes Maß an Disziplin verfügt und seinen Part gewissenhaft erfüllt. In der Schule muss der Lehrer das von seinen Schülern einfordern.

Große wissenschaftliche Leistungen sind immer nur im Team möglich. Wie haben die Wissenschaftler vergangener Generationen es bloß geschafft zusammenzuarbeiten – obwohl diese in der Schule sicherlich keine Gruppenarbeit genossen haben? Jedes Teammitglied muss zunächst über fundiertes Wissen in seinem Fachgebiet verfügen. Dieses Detailwissen wird dann im gemeinsamen Projekt vereinigt. Die Einzelleistung entscheidet also letztlich über den Erfolg oder Misserfolg der Teamleistung.

Sich in Gruppen erst Grundlagenwissen anzueignen, wie dies bei schulischer Gruppenarbeit meist beabsichtigt ist, widerspricht jeder vernünftigen Team–Idee.

Man hat der Schule früher oft vorgeworfen, sie produziere mit dem vom Lehrer gesteuerten Frontalunterricht den Untertanengeist der Schüler. Ist es nicht viel eher so, dass der Anpassungsdruck in der Gruppe oder im Team viel eher den unkritischen und angepassten Untertan erzeugt?

In der Schule kann gelegentliche Gruppenarbeit ein positives Sozialverhalten beim Einzelnen fördern – wenn die Grundlagen vom Elternhaus gelegt wurden. Ein freundliches Miteinander wird nämlich zuallererst in der Familie gelernt. Dort werden die Weichen für das spätere Sozialverhalten, also den Teamgeist, gestellt.(Mehr zum Thema im Abschnitt »Unterricht«.)

Noten – nein danke

Wer alles und jeden im Bildungswesen evaluieren möchte, der muss auch die Schüler evaluieren. Deren Leistungen werden gemessen und daraus sollten Konsequenzen gezogen werden.

Die Kopfnoten

Die sogenannten Kopfnoten »Verhalten«, »Mitarbeit« (noch in Baden-Württemberg) sind im Zeugnis den Fachnoten vorangestellt und beschreiben, wie ein Schüler sich in der Schule verhält und wie er sich engagiert. Das war und ist sinnvoll. Man kann auch darüber diskutieren, ob die Kopfnoten weiter ausdifferenziert werden sollten – aber man kann sie aus meiner Sicht nicht zur Disposition stellen. Jedes Bundesland handhabt die Kopfnoten anders. Nachdem in den 80er und 90er Jahren in vielen Bundesländern die Kopfnoten abgeschafft wurden, werden sie nun teilweise wieder eingeführt – sehr zum Ärger mancher »Schmuse – Pädagogen«.
Manche von ihnen befürworten aber merkwürdigerweise, dass personale und soziale Kompetenzen bewertet werden und in die Fachnote einfließen sollen. Das ist unlauter. Eine Vermischung von Fachnote und Verhaltensbeurteilung sollte in keinem Fall möglich sein. Aussagen über die Person finden in den Kopfnoten – und nur dort - ihren Niederschlag. Dort sind sie richtig und gerechtfertigt.
Es gibt bis heute jedoch Forderungen von manchen Pädagogen, die Kopfnoten völlig abzuschaffen. Es sei diskriminierend, einen Schüler mit einer schlechten Kopfnote in Verhalten oder Mitarbeit auszustatten, da er ja dann vielleicht Probleme bei der Stellensuche bekommen könnte. Wie wahr, wie wahr – aber das hätte sich der »liebe Kleine« oder seine erziehungsunwilligen Eltern eben früher überlegen müssen. Andererseits helfen gute Kopfnoten dabei, schneller einen guten Ausbildungsplatz zu finden. Viele Betriebe achten zurecht sehr auf die Kopfnoten, da es für sie wichtig ist, Auszubildende zu bekommen, auf die sie sich im Verhalten und der Arbeitsbereitschaft verlassen können. Kopfnoten sollten bis in die Abschlussklassen vergeben werden.

Kopfnoten sollen kein Abrechnungs- oder gar Racheinstrument für frustrierte Lehrer sein. Kopfnoten sollen dokumentieren, dass ein Schüler zuverlässig und fleißig ist – oder eben nicht. Selbst Lehrergewerkschaften, wie z. B. die GEW (Gewerkschaft Erziehung und Wissenschaft) sind für eine Abschaffung der Kopfnoten. Dabei würden gerade diese Noten den Lehrern etwas in die Hand geben, das teilweise rüde und inakzeptable Verhalten von Schülern zu dokumentieren. Dass selbst eine Lehrergewerkschaft ihren Mitgliedern dieses wirkungsvolle Dokumentationsinstrumentarium (nicht Rachemittel) aus der Hand nehmen will, stimmt bedenklich. Eigentlich kann man als normaler Lehrer einer solchen Gewerkschaft (wie jedem anderen Bildungsverband, der solche Thesen vertritt) nur den Rücken kehren. Dann ärgern sich – verständlicherweise – auch noch Eltern über die Kopfnoten ihrer Sprösslinge, denn damit wird so ganz nebenbei auch ihr Erziehungsdefizit dokumentiert. Würden sie ihre Kinder ordentlich erziehen, so bräuchten sie sich keine Gedanken über schlechte Kopfnoten zu machen.

Die Fachnoten

Dass viele Firmen heute eigene Einstellungstests durchführen, liegt daran, dass sie sich nicht mehr auf die Bewertung der fachlichen Leistungen durch die Lehrer verlassen können und wollen.
Das muss sich ändern. Noten müssen wieder aussagekräftiger werden und einen einigermaßen realistischen Leistungsstand dokumentieren.

Einige Pädagogen meinen zudem, dass Ziffernnoten sowieso völlig falsch seien und durch Verbalbeurteilungen ersetzt werden müssten, da diese sehr viel individueller und aussagekräftiger seien. Auch so ein Irrglaube. Beurteilung ist Beurteilung. Ob man einem Schüler eine »4« erteilt, oder ob man in Worten ausformuliert, dass die Leistungen nicht ganz den Erwartungen entsprechen, bleibt sich letztendlich völlig gleich. Negative Formulierungen soll der Lehrer ja – wie in den Arbeitszeugnissen der Wirtschaft – nicht verwenden. So kristallisieren sich dann wieder - wie in der Industrie – Formulierungsfloskeln heraus, die von jedem Lehrer standardmäßig übernommen werden. Selbst die GEW hat solche Formulierungshilfen veröffentlicht – was natürlich nur der ganz individuellen Beurteilung dienen soll. Es ist schön zu sehen, wie man sich da selbst widerspricht. Schreibt ein Lehrer, dass sich ein Schüler bemüht hat, so weiß jeder, der das Zeugnis liest, dass der »liebe Kleine« wohl nicht »so ganz helle« ist. Noten, die einer klaren Definition unterliegen, sind – richtig verwendet - ein einfaches, wirksames und sinnvolles Dokumentationsinstrument. Auch Menschen aus den so genannten bildungsfernen Schichten, die bei schriftlich ausformulierten Beurteilungen wohl häufig Probleme haben, diese zu verstehen, wissen, was eine »3«, oder »4« ist. Will der Lehrer darüber hinaus den Eltern zusätzliche Informationen zukommen lassen, so ist das persönliche Gespräch noch immer der bessere Weg. Hier kann der Lehrer dann wirklich individuell auf die jeweiligen Leistungen der Kinder eingehen.

Es ist im Übrigen eine Illusion, zu glauben, dass man Leistungsbeurteilungen völlig abschaffen kann. Das gesamte menschliche Leben baut auf Beurteilungen und Bewertungen auf. Gleichgültig, ob beim Autokauf oder bei der Partnerwahl – alle Entscheidungen basieren auf Bewertungen. Im einen Fall eher auf rationalen (hoffentlich) und im anderen Fall auf eher irrationalen, unbewussten Vorgängen. Aber immer sind es Beurteilungen.

Weshalb sollte man also gerade in der Schule auf Leistungsbeurteilungen verzichten? Kinder wollen sich, so zeigt die Praxis, auch leistungsmäßig innerhalb einer Gruppe verorten können. In der Regel wollen und suchen Kinder den Wettbewerb, sie wollen sich messen – auch in den Leistungen in den Fächern. Weshalb unsere Pädagogen teilweise so vehement gegen die Ziffernnoten sind, ist eine Frage, die nie schlüssig beantwortet wurde. Es ist jedoch klar, dass in unserem Gesellschaftssystem und unserem Arbeitsmarkt eine Bewertung von Arbeit und Leistung notwendig ist. Da man die Leistungsbeurteilung in der Schule nicht ganz abschaffen konnte und kann, hat man ganz bedeutsam auf andere Formen einer erweiterten Leistungsbeurteilung verwiesen. Auch das ist ein »alter Hut«. Gute Lehrer haben schon immer ein umfassenderes Leistungsverständnis gehabt und haben nicht nur mechanistisch die vorliegenden Klassenarbeiten als Beurteilungsgrundlage genommen. Sie haben andere erbrachte Leistungen, wie Hefte, Referate oder praktische Arbeiten mit zur Notenfindung herangezogen.

Nun wird der Leistungsbeurteilung seit Langem vorgeworfen, sie sei in hohem Maße unzuverlässig, da sie subjektiv sei. Jede Leistungsbewertung, ob in der Schule oder der Industrie ist letztlich immer subjektiv. Das ist so und wird sich auch nicht ändern, solange Menschen Leistungen bewerten. Mit dem Manko der subjektiven Leistungsmessung muss unsere Gesellschaft leben. Man kann mögliche subjektive Fehlurteile durch größtmögliche Professionalisierung minimieren, aber nie völlig ausschalten. Gleichgültig, ob ein Verein einen neuen Vorsitzenden wählt, oder in einer Firma eine Führungskraft eingestellt werden soll, es sind letztlich immer subjektive Beurteilungskriterien, die den Ausschlag geben. Jede Wahl beruht auf Beurteilungen – und jede Beurteilung ist subjektiv. Was soll also das Gejammer über vermeintlich subjektive Schulnoten?

Die Ganztagesschule - hilft ganz und gar nicht

Das Heil liege in der Ganztagesschule – so verkünden viele Pädagogen. Man muss sich aber fragen, ob Ganztagesschulen, wie unsere heutigen »modernen Reformpädagogen« sie gestalten möchten, überhaupt noch Schulen sind.
Einrichtungen aber, die nicht dem eigentlichen Wissens- und Bildungserwerb dienen sind wohl eher als sozialpädagogische Anstalten zu bezeichnen. Sozialpädagogische Anstalten sind Sondereinrichtungen, die andere Ziele als den primären Wissenserwerb verfolgen. In diesen geht es vermehrt um die Regulierung von Fehlentwicklungen im persönlichen oder sozialen Verhalten. Das kann und soll nicht Aufgabe der »Normalschule« sein.
Der »Pädagoge dein Freund« möchte die Schule allgemein als Lebensraum im Pestalozzi´schen Sinne der Wohnstube ausbauen. Das ist weltfremd und unrealistisch. Will man Schule zum Lebensraum machen, so gewinnt diese im Leben eines Kindes eine derart dominante Stellung, dass sie schon fast zu einer Art Familienersatz wird. Das kann und soll nicht sein.
Es ist eine Illusion, die familiäre Erziehung auf die Schule übertragen zu wollen. Wenn man das will, dann muss man auch deutlich sagen, dass die Familien nicht mehr in der Lage sind, ihre Kinder zu brauchbaren Mitgliedern der Gesellschaft zu erziehen und dass diese Arbeit in Zukunft vom Staat über-

nommen wird. Irgendwie erinnert einen das aber an andere (glücklicherweise gescheiterte) politische Systeme, die über die Ganztagesbetreuung der Kinder diese in einer ganz bestimmten Weise indoktrinieren und sozialisieren wollen.
Anmerkung: Man sollte sich vielleicht einmal überlegen, wie es mit der emotionalen Entwicklung von Kleinkindern bestellt ist, wenn diese am Morgen in einer Kindertagesstätte abgeliefert und am Abend von vielleicht erschöpften Eltern wieder abgeholt werden. Den ganzen Tag sind diese Kinder in der Obhut Fremder, zu denen sie kaum eine stabile emotionale Bindung aufbauen können. Zu den nicht anwesenden Eltern können sie dies aber oft auch nicht, da diese sehr häufig keine Zeit und kein Interesse für ihren Nachwuchs haben.
Eine sinnvolle Ganztagesschule, in der unterrichtet wird und in der darüber hinaus – wie bereits mehrfach gesagt - die Kinder betreut und in sozialer Hinsicht gefördert werden, kostet aber richtig viel Geld. Neben Lehrern brauchen diese Schulen Psychologen, Sozialarbeiter und pädagogische Betreuer, die die Kinder beim Lernen am Nachmittag begleiten, betreuen und auch bei persönlichen Problemen helfen können. Das ist notwendig, da Lehrer für andere Aufgaben gebraucht werden. Lehrer sind keine Sozialbetreuer. Lehrer sollen das tun, was sie eigentlich können (sollten) – nämlich unterrichten.
Die zusätzlichen Stunden, die die Kinder in der Schule verbringen, werden also mit sinnvollen Ergänzungsangeboten, wie Theaterspiel, Tanz, Sport oder handwerklichen Arbeiten gefüllt. Da von der Politik kein zusätzliches Geld für Stellen zur Verfügung gestellt wird, ist man auf die Mithilfe von Eltern oder anderen ehrenamtlich engagierten Personen angewiesen. Für viele Kinder und Jugendliche kann die Ganztagesschule ein Segen sein, denn so können sie den verwahrlosten Verhältnissen in manchen Elternhäusern, oder dem Alleinsein in der Villa entgehen. Und viele Kinder sind auch dankbar dafür. Aber noch einmal: das ist nicht Aufgabe der

Schule, sondern Aufgabe von speziellen Betreuungsangeboten, die dann eben im Verbund mit und unter dem Dach der Schule stattfinden.
Mit einer solchen Ganztagesschule bekommen die lieben Kleinen, die Eltern und damit die gesamte Gesellschaft sozusagen ein »Pädagogik-Rundum-Sorglospaket«.
Im gesellschaftlichen Kontext erscheint die Ganztagesschule eher ein hilfloser Versuch zu sein, Missstände in den Familien auszugleichen. Hier werden Verantwortlichkeiten verlagert.

Der Trend zum Zweitbuch - leider nicht bei allen

Es herrscht Lernmittelfreiheit in unserem Land. Nahezu alles, was ein Schüler zum Lernen braucht, wird ihm vom Staat, also von der Gemeinschaft der Steuerzahler, zur Verfügung gestellt. Bis auf minimale Beträge, die von den Eltern aufgebracht werden müssen. Es wäre an der Zeit, dass hier ein Umdenken einsetzt. Die Familien sollten Schulbücher wieder selbst kaufen müssen. Kinder von finanziell nicht ausreichend versorgten Gruppen werden über ein Gutscheinsystem dennoch mit allen notwendigen Unterrichtsmaterialien versorgt. Jetzt kommen sofort wieder die Sozialpädagogen (gerne auch »Sozpäds« genannt) und die Juristen und sagen, dass man das einem Menschen doch nicht zumuten könne, dass es diskriminierend und herabwürdigend sei, sich beim Sozialamt die notwendigen Bescheinigungen zu besorgen, um die Bücher kostenlos zu besorgen. Wie merkwürdig Richter entscheiden, kann man an folgendem Urteil erkennen.

Das Niedersächsische Oberverwaltungsgericht (OVG) Lüneburg (Az: 4 M 47/00) hat entschieden, dass das Kind einer Sozialhilfeempfängerin sich nicht mit einem billigen Schulranzen abspeisen zu lassen braucht, sondern Anspruch auf ein teureres Markenmodell hat. Eine Mutter klagte auf »Schutz vor Diskriminierung« und bekam recht. Es sei mit der Würde des Menschen unvereinbar, so der Richter, dass die Schülerin durch ein »Billigprodukt« als Sozialhilfeempfängerin erkannt werde. (Zitiert nach: (http://www.rajanetz.de/Heitere_Justitia/heitere_justitia.html)

Dass nicht wenige Juristen jeglichen Bezug zur Realität verloren haben, scheint bei solchen und ähnlichen Urteilen offensichtlich zu sein. Solche Juristen stehen für Urteile, die - wenn sie nicht so wirksam wären - einer gewissen Komik nicht entbehren.
Was ist das für eine merkwürdige Auffassung von »Menschenwürde«? Es ist durchaus mit der Menschenwürde vereinbar, sich beim Sozialamt Gutscheine für den kostenlosen Bücherkauf abzuholen. Für jede andere zusätzliche Zuwendung, wie Zweitfernseher, Kondome oder sonstigen Luxus, die Sozialhilfeempfänger meinen zu benötigen, um ein »menschenwürdiges« Leben führen zu können, sind sie sich ja auch nicht zu schade, Anträge zu stellen – ja sogar vor Gerichten dafür zu kämpfen.
Die meisten Familien (Harz IV ist ja noch nicht die Regel) können es sich aber leisten, ihren Kindern die notwendigen Schulutensilien zu kaufen. Damit wäre auch ein Anreiz verbunden, ordentlich mit den Büchern umzugehen, und diese nicht, wie heute vielfach zu beobachten ist, mutwillig zu zerstören und zu zerfleddern. Wobei die Kinder oder deren Eltern meist nicht einmal Ersatz für zerstörte Bücher leisten müssen. Wie immer sind Pauschalurteile nicht für jeden Fall zutreffend, aber es ist eine (nicht geringe) Tendenz zu einem totalen

Anspruchsdenken nahezu aller gesellschaftlichen Schichten in allen Bereichen zu beobachten. Dieses Anspruchsdenken kann so auf Dauer nicht aufrechterhalten werden, denn es kann und soll nicht alles vom Staat, also von der Gemeinschaft besorgt und geregelt werden. Da wird von den Pädagogen in den Schulen »eigenverantwortliches Lernen« gepredigt – aber außerhalb der Schule, bei erwachsenen Transferleistungsempfängern, wird die Eigenverantwortlichkeit plötzlich wieder verneint.

In Zeiten knapper Kassen könnten die Kommunen finanziell ziemlich stark entlastet werden, wenn sie nur noch Bücher, Taschenrechner oder andere Schulmaterialien für die wirklich Bedürftigen zur Verfügung stellen müssten.

Das Gutscheinsystem gibt es seit den 50er Jahren. Wer sich Bücher nicht leisten konnte, bekam schon damals vom Sozialamt Gutscheine, um sich die notwendigen Bücher kaufen zu können. Das war gut und sinnvoll und niemand hat sich zu dieser Zeit darüber beschwert, dass dies menschenunwürdig sei.

Das Gejammer von sogenannten Armen über teure Schulbücher könnte in vielen Fällen sehr schnell mit dem Hinweis auf den Verzicht eines neues Videospiels oder Gameboys entkräftet werden. Übrigens: Der Unterschied von relativer und absoluter Armut wird in solchen Diskussionen kaum je thematisiert.

Eigene Bücher hätten zudem den großen Vorteil, auch in höheren Klassen noch einmal in einem »alten« Buch nachschlagen zu können. Bücher haben einen Wert als Bildungsgut. Wer keinen inneren Zugang zu Büchern hat, wird sich auch immer schwertun mit einem Zugang zur Bildung, wie diese im europäischen Sinn verstanden wird.

Wer seine Informationen lediglich aus dem Fernseher (und hier nur von bestimmten Privatsendern), dem Internet und der Zeitung mit den großen Lettern bezieht, wird einen differen-

zierten Umgang mit verschiedenen Informationsquellen wohl nie erlernen können - und vermutlich auch gar nicht wollen.
Die Unterschicht wird heute gerne als »bildungsferne Schicht« (welch ein schöner Name) bezeichnet. Der Begriff ist fast schon ein Synonym für Unterschicht. Es ist ein Euphemismus für das früher so bezeichnete Proletariat.
Wer oder wie sind nun diese »Bildungsfernen Schichten«?
»Die Kinder aus bildungsfernen Familien – d. h. aus solchen Familien in denen beide Elternteile kein Abitur haben – sind die Ingenieure der Zukunft.« (Wagner – Tatort Universität, S. 131) Dies ist eine reichlich arrogante Definition von »bildungsfern«. Gebildet ist also nur – so Wagner – wer Abitur hat. Damit reiht er sich ein in die Denkstrukturen der 68er, bei denen letztlich nur der Mensch mit Abitur vollwertig zu sein scheint. Bildung ist keine Frage von Abitur – es gibt entsetzlich ungebildete Abiturienten (und Professoren).
Bildungsfern sind Schichten, die ihre Kinder von Bildung und Ausbildung fernhalten. Wichtig dabei ist, dass diese Gruppen ihre Kinder nicht nur von der Schule, sondern von jeder Art von Ausbildung abhalten.
Soziologische Untersuchungen mit entsprechenden Definitionen und Interpretationen führen hier nicht weiter. Fakt ist, dass bestimmte Gruppen sich in keiner Weise um Bildung für sich selbst oder für ihre Kinder bemühen.
Wer hierzulande und zu dieser Zeit die Bildungs- und Integrationsprobleme beim Namen nennt und auch noch so dreist ist, Lösungen anzubieten, wie Heinz Buschkowsky, der momentane Bürgermeister von Berlin-Neukölln wird von Teilen der (meinungsmachenden) Presse und ganz bestimmter politischer Kreise heftig kritisiert.
Sarazin der ehemalige Finanzsenator von Berlin und entlassene Bankmanager, der unbequeme Wahrheiten an die Öffentlichkeit gebracht hat, wird bekämpft und sogar teilweise als ausländerfeindlich oder rechtsradikal diffamiert. Peter Slo-

terdijk, der Philosoph, prangert die »Meinungs-Besitzer-Szene« als Feiglinge und »Berufsempörer« an. (Cicero, Magazin für politische Kultur, 19.10.2009) Was bei diesen Auseinandersetzungen stört, ist die Ideologisierung und der undemokratische Umgang mit Meinungen, die nicht dem Mainstream entsprechen. Demokratie zeichnet sich durch einen respektvollen Umgang auch mit abweichenden Meinungen aus - vorausgesetzt diese richten sich nicht gegen bestehende Gesetze. Hier ist noch viel »Demokratisierungs-Arbeit« zu leisten – bei vielen Politikern und Teilen der Presse.

Bestimmte »Wahrheiten« (Wahrheit ist immer subjektiv) werden in diesem Land momentan nicht geduldet weil sie angeblich nicht der so genannten »Political Correctness« - was immer man darunter genau verstehen mag - entsprechen. Es bringt aber nichts, zu leugnen, dass es ein Proletariat gibt, das sich standhaft weigert, Verantwortung für das eigenen Leben zu übernehmen. Wobei der Begriff »Proletariat« keine klassenkämpferische Bedeutung mehr hat, wie dies noch im 19. und beginnenden 20. Jahrhundert der Fall war. Das heutige Proletariat kämpft nicht um sozialen Aufstieg. Dieses Proletariat macht es sich bequem und lebt ganz gut von der »Stütze«. Es ist selbstverständlich, dass damit nicht die Menschen gemeint sind, die unverschuldet arbeitslos geworden sind und die gerne - lieber heute als morgen - wieder Arbeit hätten. Diese Menschen sind meist auch nicht bildungsfern, sondern sie bemühen sich um Fort- und Weiterbildung für sich selbst und sorgen dafür, dass ihre Kinder schulische Bildung erwerben.

Gemeint sind die, die auf Kosten der Allgemeinheit ein gar nicht so schlechtes Leben führen. Bei www.stern.de konnte man bereits am 22.12.2004 lesen, dass das wahre Elend der Unterschicht nicht die »Armut im Portemonnaie, sondern die Armut im Geiste« sei. Die neue Armut - in Deutschland gilt als arm, wer weniger als 50 oder 60% des Durchschnittseinkom-

mens zur Verfügung hat - findet also im Kopfe statt. »Vor allem an seinem mangelnden Bildungsinteresse erkenne wir die Unterschicht«. (Spiegel online vom 16.09.2006) Dieses neue Proletariat ist nicht zu vergleichen mit dem »alten Proletariat«, das sich meist bemühte, durch eigens gegründete Arbeitervereine und Sonntagsschulen Bildung als Mittel zum sozialen Aufstieg zu erwerben. (In: »Bildungsvorstellungen des Frühsozialismus« - unveröffentlichte Diplomarbeit von G. Ganz)
Bildung ist - wie mehrfach betont wurde - eine Hol- und keine Bringschuld. Der Staat hat seine Hausaufgaben weitgehend gemacht – wenn auch manches verbessert werden könnte. Schulen sind vorhanden (wenn auch gelegentlich in einem beklagenswerten Zustand), Lernmittel sind frei verfügbar, Lehrer, die sich (in der Regel) bemühen, sind ebenfalls da. Wo aber sind die Unterschichtkinder, die diese Angebote abholen wollen?
Der einzige Weg, der momentan erfolgreich erscheint, ist der, Kinder so früh wie möglich in den Kindergarten zu holen und dort dafür zu sorgen, dass sie erstens Deutsch lernen, und sich zweitens ein verträgliches Sozialverhalten aneignen. Die Kinder müssten also frühzeitig aus den Problemfamilien herausgeholt werden. Den Eltern würde ein Teil des Erziehungsrechtes abgesprochen, auch ein Teil der Erziehungspflicht abgenommen und in staatliche Hände gegeben. Das wäre wohl insoweit legitim, als der Satz im Grundgesetz »über ihre [die der Eltern - Anm. d. Verf.] Betätigung wacht die staatliche Gemeinschaft« festlegt, dass der Staat sehr wohl auch das Recht hat, die Menschen »zu ihrem Glück (in diesem Fall zur Bildung) zu zwingen«. Das wäre ein weitgehender aber konsequenter Eingriff in das Elternrecht. Ob das gesamtgesellschaftlich wünschenswert ist, muss hinterfragt und geklärt werden.
In dem Fall der staatlichen Intervention ist dieser aber auch in der Pflicht, genügend qualitativ hochwertige Kindertagesplätze zu schaffen, damit die Kinder - gleichgültig aus welcher

Schicht - frühzeitig optimal inhaltlich und verhaltensmäßig gefördert werden können. Es kann letztlich niemand, weder in der Schule noch in der darauf folgenden Arbeitswelt bestehen, der nicht zuverlässig, diszipliniert und leistungsorientiert denkt und handelt. »In Deutschland sind nicht immer die Armen die Dummen, sonder die Dummen sind immer arm« (www.stern.de vom 22.12.2004).

Im gleichen Beitrag kann man lesen, dass Kinder aus Problemvierteln, die in Ganztageskindergärten betreut werden, zu einem beachtlichen Teil auch den Wechsel ins Gymnasium schaffen.

Wie sehr der Schulerfolg vom häuslichen Milieu abhängt, zeigen die positiven Beispiele von Kindern aus vietnamesischen Familien, die in Deutschland leben. Auch wenn deren Eltern keinen großartigen Bildungshintergrund haben, sorgen sie in der Regel dafür, dass ihre Kinder eine gute Schulbildung erhalten. Sie halten ihre Kinder zu Fleiß und Durchhaltevermögen an und kümmern sich um deren schulische Belange, auch wenn sie meist nicht direkt inhaltlich helfen können.

Letztlich sind es immer noch die Eltern, die das Sozial- und Lernverhalten des Kindes (jenseits der genetischen Gegebenheiten) prägen. Eltern, wie zum Beispiel die Frau »Lehrerhasserin« (Kühn, Lotte: Das Lehrerhasserbuch, Knaur 2005) vergessen immer, dass die Kinder normalerweise weitgehend ihrer Obhut anvertraut waren, bevor sie in die Schule kamen. Ein klein wenig Entwicklungspsychologie würde solchen Eltern verdeutlichen, welche elementaren Persönlichkeits- und Charakterentwicklungen in dieser Zeit stattfinden. Die Eltern bestimmen mit ihrer Erziehung bzw. Nichterziehung, mit welchen Voraussetzungen die Kinder in die Schule kommen. Eltern müssen sich einfach im Klaren darüber sein, welch große Verantwortung sie für den Lernerfolg ihrer Kinder haben. Dann kann man es sich nicht so einfach machen und das schulische Versagen der eigenen Kinder ausschließlich den schlech-

ten Lehrern zuschreiben wollen. Dass es zu viele schlechte Lehrer in allen Schularten gibt, wissen wir längst, aber diese sind nicht ursächlich für das mangelnde Lernverhalten und die schlechten Leistungen der Schüler verantwortlich zu machen. Da sitzen überbehütete, vernachlässigte, randalierende, dumme, kluge, fleißige, motorisch gestörte und »Lese-Rechtschreib-Geschwächte« mit einem vorlauten Mundwerk vor einem Lehrer, dem nahezu alle Erziehungsmittel aus der Hand genommen wurden. All diese verschiedenen Verhaltens- und Leistungsdispositionen soll der Lehrer nun ausgleichen.
»Bildungserwerb setzt erzogen sein voraus« kann man in der Bildungsphilosophie von W. Röhrs lesen. Die Kinder sollten bereits einigermaßen erzogen sein, wenn sie in die Schule kommen. Wenn also Eltern ihrer Erziehungspflicht nachkommen würden und keine »Super Nanny« ihnen grundlegende erzieherische Verhaltensweisen beibringen müsste, dann wäre Schule wieder das, was sie sein sollte: Ein Ort des Lernens für alle - unabhängig von der gesellschaftlichen Herkunft der Kinder.

Werte – brauchen wir die noch?

Die Schule soll – im Rahmen der Erziehung aller gesellschaftlichen Schichten - auch (wieder) Werte vermitteln. Fast vierzig Jahre lang wurden, in der Folge der 68er, Werte wie Höflichkeit, Pünktlichkeit, Zuvorkommenheit, Respekt oder gar Demut abgelehnt und als spießbürgerliche »Untugenden« verspottet. Es existiert momentan ein Wertepluralismus, der nichts mehr regelt und festlegt. Die Schule soll es nun also wieder einmal richten. Dazu gehören allerdings Lehrer, die selbst entsprechende Wertvorstellungen haben und nach diesen leben. Viele der heutigen Lehrer stammen noch aus der »Aufzucht« der 68er, die sich redlich bemühte, Werte als unnötigen Ballast zu betrachten und weitgehend zu eliminieren. Entsprechend verhalten sich nicht wenige dieser »Altachtundsechziger« Lehrer. In der inzwischen nachwachsenden Lehrergeneration findet heute glücklicherweise ganz langsam ein Umdenken statt. Sie wollen wieder Werte vermitteln und treten dafür ein, dass Werteerziehung einen höheren Stellenwert an den Schulen gewinnt.

Es scheint in unserer westlichen Gesellschaft einen Mindestkonsens über Gewaltlosigkeit, Respekt, Einhaltung von Regeln, Höflichkeit, Ordnung und Sauberkeit zu geben. Wer hier lebt, hat sich an diesen Wertvorstellungen zu orientieren. Man sollte diese Werte auch nicht »Sekundärtugenden« nennen, denn sie sind für das Zusammenleben von Menschen grundlegend und deshalb primär. Durch die Geistesgeschichte ziehen sich die sogenannten »Kardinaltugenden«.

Es gibt (nach Platon) vier Grundtugenden:
Weisheit, Tapferkeit, Mäßigung, Gerechtigkeit.
Im Christentum wurden diese ergänzt durch:
Glaube, Liebe, Hoffnung.
Kant ließ übrigens nur eine einzige zentrale Tugend gelten.
Er sah den »guten Willen« als Basis jeder Handlung.
Schule kann, neben dem Elternhaus, helfen, junge Menschen auf den Weg zu bringen, grundlegende Werte zu respektieren und sich daran zu orientieren. Wenn allerdings vom Elternhaus andere oder gar keine Werte mehr vermittelt werden, so kann auch die Schule hier nicht sehr viel ausrichten. Sie kann dann maximal auf die Einhaltung von Regeln bestehen und Fehlverhalten adäquat sanktionieren.

Unterrichtsausfall - ein Gespenst wird jedes Jahr wiederbelebt

Das Gezeter vieler Eltern über Unterrichtsausfall ist kaum zu verstehen und noch weniger zu ertragen. Wenn Politiker das Wort »Unterrichtsausfall« hören, zucken sie zusammen und beginnen sofort hektisch, Statistiken erstellen zu lassen. Regierungspräsidien und Schulämter sollen dann von jeder Schule sofort und exakt jede ausgefallene Unterrichtsstunde mit Angabe der Gründe gemeldet bekommen. Das ist eine nette Beschäftigungstherapie für (die sowieso unterbeschäftigten) Schulleiter, die aber leider gar nichts bringt. Nach dem Alarmruf »Unterrichtsausfall« werden von Schulleitern in untertänigstem Gehorsam Vertretungsstunden angeordnet. Diese sind in der Regel unnötig und unwirksam, was die Leistung der Schüler betrifft. Irgendein Kollege wird in irgendeine Klasse gesetzt, die er nicht kennt - vor allem in den Randstunden, damit die Kinder versorgt sind. Dieser Lehrer wird in der Regel keinen Unterricht halten, er wird die Schüler Hausaufgaben machen lassen, oder sie sonstwie »bespaßen«. Es ist den Eltern meist ziemlich gleichgültig, ob Unterricht in den Vertretungsstunden stattfindet oder nicht; es ist nur wichtig, dass ihre Kinder beaufsichtigt sind. Wieder ein Schritt hin zum elterlichen »Rundum-Sorglos-Paket« - aber nicht wegen Schule und Unterricht, sondern um die Betreuung des Nachwuchses zu gewährleisten.

Am Rande bemerkt, ist es interessant zu beobachten, dass Eltern beim Schulleiter immer häufiger nachfragen, ob man den Sohnemann oder die Tochter vor den Ferien nicht drei Tage früher entlassen könne, da man dadurch so einen günstigen Flug buchen könnte. Da spielt dann Unterrichtsausfall plötzlich keine Rolle mehr. Die Eltern sollten - wenn sie sich schon wieder einmal reflexartig beschweren wollen - lieber darum kümmern, dass an der Schule ihres Nachwuchses bis kurz vor Schuljahresschluss auch im Unterricht etwas Sinnvolles stattfindet und dass das Schuljahr nicht bereits zwei Wochen vor seiner Beendigung nur noch inhaltsleer »auströpfelt«.

Natürlich fällt Unterricht aus, wenn Lehrer krank sind, oder wenn sie auf Klassenfahrt ihre »Zöglinge« kulturell und touristisch versorgen oder wenn sie sich bei Fortbildungen bemühen, auf dem neuesten pädagogischen Stand zu sein.

Solange es sich nicht um längerfristige Krankheitsausfälle handelt, ist das im Normalfall kein Problem - zumindest nicht schulisch. Der Nachwuchs wird nicht gleich völlig verblöden, nur weil einmal ein paar Stunden Unterricht in einem Fach ausfallen. Davon unterscheiden muss man »ernsthaften Unterrichtsausfall« weil z. B. ein Kollege längerfristig erkrankt, oder die Schule mit Lehrern unterversorgt ist. Hier muss über Krankheitsvertretungen der Unterrichtsausfall minimiert werden. Das ist Aufgabe der Schulverwaltung, die in solchen Fällen meist wenig zu bieten hat.

Wer gute Lehrer will, muss auch bereit sein, diese sich fortbilden zu lassen - eben auch einmal während der Unterrichtszeit - selbst wenn mal einige Unterrichtsstunden ausfallen. Gute Lehrer brauchen gelegentlich gute Fortbildungen.

Inzwischen werden jedoch die Fortbildungsaktivitäten von Lehrern einerseits stark zurückgefahren oder müssen andererseits möglichst in der unterrichtsfreien Zeit stattfinden.

Dass Fortbildungen in den Ferien stattfinden, ist prinzipiell nicht falsch. Lehrer haben ja eigentlich, wie alle Arbeitnehmer, nur 30 Tage Urlaub. Die restliche unterrichtsfreie Zeit, in der man mit »denen« ja nichts Sinnvolles anfangen kann, haben sie eben Ferien - die sie aber bei den herrschenden schulischen Verhältnissen auch dringend brauchen.

Bei sechs Wochen Sommerferien ist es denkbar, dass man eine Woche für Fortbildungsmaßnahmen abzweigt. Das kann man Lehrern zumuten. Die Mischung macht's: Die Lehrer opfern eine Woche Sommerferien und können deshalb auch während des Schuljahres gelegentlich zu einer mehrtägigen Fortbildung zugelassen werden.

In der Industrie gibt es in den meisten Bundesländern (nicht in Baden-Württemberg und Bayern) einen Rechtsanspruch auf bezahlten Bildungsurlaub. Normalerweise sind dies fünf bezahlte Arbeitstage pro Jahr.

Lob der Disziplin

(Bueb, B.: Lob der Disziplin, 2006)
Schule hat die Pflicht, dafür zu sorgen, dass Schüler, die lernen wollen, dies auch können. Dazu ist es notwendig, dass sie klare Forderungen an das Verhalten der Schüler stellt und diese auch durchzusetzen bereit ist. Bestandteil dieser Forderungen sind u.a. die sogenannten Sekundärtugenden wie Höflichkeit, Fleiß, Sauberkeit in der Arbeit und Pünktlichkeit. In der Folge der 68er (ja die 68er sind in diesem Bereich wirklich für fast alles verantwortlich) achten nur noch wenige Lehrer auf diese wichtigen Verhaltensweisen, die gelernt werden müssen und die für ein harmonisches Leben in einer Gemeinschaft unabdingbar sind. Alles Lamentieren über das schreckliche Verhalten von Schülern ist sinnlos, wenn die einzelne Schule und der einzelne Lehrer nicht sofort und strikt auf Fehlverhalten reagieren.

Die erste konkrete Maßnahme kann bereits morgen eingesetzt werden. Jedes Fehlverhalten wird sofort und ohne »Ansehen der Person« geahndet – wehret den Anfängen.
Wenn alle Lehrer eines Kollegiums an einem Strang zu ziehen bereit wären, (was allerdings eine Illusion sein dürfte) so wäre es eine Sache von relativ kurzer Zeit, bis man eine Schule wieder in einen Ort des sinnvollen und vernünftigen Lernens verwandelt hätte. Zudem wäre dann die Schule auch ein »Lebensraum« ohne größere Gewalt und mit einer einigermaßen wohlwollenden gegenseitigen Akzeptanz – das ist es doch, was unsere »Heile-Welt-Pädagogen« wollen.
Jedes Verhalten hat eine Antwort verdient; positives Verhalten eine positive, bestätigende Antwort und negatives Verhalten eben eine negative, korrigierende Antwort. Das gilt für die häusliche Erziehung ebenso wie für das Verhalten in der Schule. Negatives Verhalten zu ignorieren, wie es pädagogische Traumtänzer in den 70er, 80er und teilweise noch in den 90er Jahren propagiert haben, war mit eine der großen fehlgeleiteten pädagogischen Illusionen der letzten Jahrzehnte. Negatives Verhalten, das ignoriert wird, verschwindet nicht, sondern wird als Erfolg erlebt und damit noch verstärkt.
Das Einüben von Disziplin muss in der Grundschule beginnen und dann konsequent weitergeführt werden. Vergleiche auch mit dem Abschnitt »Lehrer und Disziplin – eine Tragikkomik«.
Um der Disziplinlosigkeit in unseren Klassenzimmern etwas Einhalt zu gebieten, werden heute von manchen Schulen Psychologen engagiert, um sich zeigen zu lassen, wie man wieder »Ordnung in den Laden« bringt.
Man könnte es fast schon als pervers bezeichnen, dass Lehrer sich Hilfe von außen holen, denn sie sind es doch, die die Erziehungsexperten sein sollten. Aber viele Lehrer trauen sich nicht mehr zu erziehen, man hat es ihnen zu lange nahezu unmöglich gemacht – vielleicht können sie es schon gar nicht mehr.

Nun kommen also die Psychologen und Sozialpädagogen, die mit die Ursache dieser schulischen Erziehungsmisere sind, und erklären den Lehrern, wie man Regeln einführt und diese dann auch durchsetzt. Da müssten sich jedem Lehrer –beiläufig bemerkt - die Nackenhaare sträuben. Aber Lehrer lassen ja fast alles mit sich machen, wenn sie auch nur die kleinste Hoffnung haben, dass das ein Ausweg aus dem täglichen Frust bedeuten könnte.

Da werden nun Regeln formuliert - natürlich unter der kompetenten Mitwirkung von Schülern – und in Form von Plakaten an die Wand genagelt. So in etwa:

- Wir üben keine Gewalt gegen Mitschüler aus.
- Wir gehen freundlich und respektvoll miteinander um.
- usw.

Da kommen dann oft umfangreiche Regelwerke zusammen, die leider auch so gar nichts nutzen. Es ist vertane Zeit, den Schüler während des Unterrichts darauf aufmerksam zu machen, dass er nun gegen Regel Nr. 17 verstoßen habe. Das veranlasst nämlich meist die Schüler dazu, eine Diskussion über ihr Fehlverhalten zu beginnen. Solches Getue geht von der so wichtigen Lernzeit ab.

Übrigens: Bei den Kriterien für guten Unterricht im nächsten Kapitel kann man nachlesen, dass ein hohes Maß an effektiver Lernzeit für guten Unterricht notwendig ist.

Der Lehrer muss sofort und ohne Diskussionen, negatives Verhalten unterbinden. Es gibt Regeln, die so selbstverständlich von einem normalen Menschen (auch von einem Jugendlichen) eingehalten werden müssen, dass man diese nicht an die Wand zu schreiben braucht.

An manchen Schulen gibt es sogenannte Schulverträge, in denen ähnliche Regelwerke zu finden sind. Es gibt aber Normen, die nicht verhandelbar sind. Gewaltfreiheit, Respekt und Rücksicht sind unabdingbar und können damit nicht

Gegenstand von Verträgen zwischen Lehrern und Schülern sein. (Bei zwischenstaatlichen Verträgen mag das ja sinnvoll anders sein.)

Schüler, Eltern und Schulleiter unterschreiben dann diesen sinnlosen Vertrag. Das erhöht vielleicht etwas den moralischen Druck, sich angemessen zu verhalten, hat aber ansonsten keine Konsequenzen. Was lernt der Schüler also? Verträge haben keine bindende Kraft, denn wenn man gegen sie verstößt, hat das kaum negative Folgen. So sieht dann also eine gelungene Vorbereitung auf das Leben aus.

Inzwischen ist man im Kampf gegen die Disziplinlosigkeit aber noch interessantere Wege gegangen. Man hat sogenannte »Trainingsräume« (die Namen wechseln von Schule zu Schule) installiert. Auch diese Erscheinung in der Schullandschaft ist umstritten und sicherlich nicht der Weisheit letzter Schluss - zumindest nicht in der derzeitigen Ausprägung. Schüler, die im Unterricht stören, werden mit einer Mitteilung auf einem Zettel in den Trainingsraum geschickt. Dort sitzt ein Lehrer (seine Zwischenstunde opfernd) und lässt den Schüler eine schriftliche Stellungnahme zu dessen Fehlverhalten anfertigen. Er spricht noch mit dem Schüler über dessen Verhalten, unterschreibt den »Wisch«, mit dem der Schüler dann wieder in die Klasse zurückkehrt. Der Unterrichtende kontrolliert den Zettel und kann dann - nach dieser Unterbrechung - vielleicht in seinem Unterricht fortfahren.

Störende Schüler aus dem Unterricht entfernen - ja, aber bitte ohne pädagogischen Schmus. Der Schüler weiß alleine, weshalb er stört und rausgeflogen ist. Da müssen nicht pädagogisch sinnlose Aktionen folgen. Dass in einem Raum eine pädagogische Hilfskraft sitzt - wegen der Aufsichtspflicht - und die Störenfriede in Empfang nimmt und diesen Aufgaben zuweist, ist sinnvoll. Es soll inzwischen aber auch schon Schulen geben, die das Trainingsraumkonzept wegen Wirkungslosigkeit wieder aufgegeben haben.

Die Streitschrift von Bernhard Bueb (Lob der Disziplin) wurde von Erziehungswissenschaftlern angegriffen, die anscheinend keinerlei Interesse daran zu haben scheinen, Deutschlands Schulen wieder zu Orten des Lernens und des Anstandes zu machen. Meist sind es auch noch Pädagogen, die – außer als Schüler - kaum einmal eine Schule von innen gesehen haben, die kaum je längere Zeit unterrichtet haben – vor allem nicht in Brennpunktschulen in bestimmten Stadtvierteln bestimmter Großstädte.

Bernhard Bueb hat recht mit seinem »Lob der Disziplin«. Er stand jahrzehntelang als Leiter einer Schule an der »Pädagogischen Front«. Wobei man anmerken muss, dass Salem eine Eliteschule ist, die man nicht mit normalen Maßstäben einer staatlichen Schule, gleich welcher Art, messen kann. Aber Disziplin ist nicht nur für Eliten wichtig, Disziplin ist für alle Menschen wichtig – außer vielleicht für einige Pädagogen. Eine disziplinlose Kommunikationsstruktur findet man übrigens recht oft und gerade bei Pädagogen und Lehrern. Manche Lehrerkonferenz wäre eine überdeutliche Bestätigung dieser Feststellung. (Schön nachzulesen bei: Mahlmann, F.: Pestalozzis Erben)

Disziplin wird von manchen Pädagogen stets mit Strafen in Verbindung gebracht.

Gleich vorab um Missverständnisse zu vermeiden: Es darf keine körperliche Bestrafung durch einen Lehrer geben, darüber muss man nicht diskutieren. Der Streit über Sinn oder Unsinn von Strafen ist so alt wie die Pädagogik selbst.

Strafen (mit Augenmaß) sind ein wichtiges und wirksames pädagogisches Mittel, um Kinder und Jugendliche auf ein Fehlverhalten aufmerksam zu machen und sie auch die Konsequenz für negatives Verhalten spüren zu lassen. Wer in der Pädagogik glaubt, ohne Sanktionen auskommen zu können, der bewegt sich in einem Traumland weit ab jeder menschlichen Realität.

Lehrer haben heute schon fast vor allem Angst, was auch nur im Entferntesten irgendwie nach Strafe aussehen könnte. Diese Verunsicherung der Lehrer, die ständig mit Anzeigen oder Beschwerden von Eltern rechnen müssen, nutzen die Schüler schamlos aus.
Statt die Stellung der Lehrer zu stärken, demontieren manche Juristen mit ihren teilweise abstrusen Urteilen ganz systematisch deren Autorität.

Evaluation – sinnlose Datensammelwut

Ein altes Sprichwort sagt: »Vom vielen Wiegen wird die Sau nicht fetter.« So verhält es sich momentan mit der Datensammelwut im Bildungsbereich. Selbstevaluation, Fremdevaluation und die große Panik davor – bei Schulleitern, Lehrern, bei Seminaren und allen anderen Bildungseinrichtungen im Land. Alles und jeder wird evaluiert. Da kommen Evaluatoren (klingt ein bisschen wie Terminatoren = Syborg, der menschliches Leben vernichtet) von außerhalb in die Schulen und beginnen Daten zu sammeln. Sie führen Interviews mit allen Beteiligten, lassen Fragebögen ausfüllen und besuchen u.a. auch Unterricht. Sie schreiben dann Berichte, führen Nachgespräche mit den Schulleitern und Lehrern, informieren andere Institutionen – und das alles hat letztlich keinerlei Konsequenz. Diese Evaluatoren werden ausgebildet (recht schlecht, wie man hört) und kosten viel Geld. Aber dem Bürger wird durch diesen Aktionismus vorgegaukelt, dass im Bildungswesen etwas vorangetrieben wird und dass alles durch die Evaluation besser würde.

Kann man Schule und Unterricht wirklich evaluieren? Kann man Bildung messen? Kann man guten Unterricht messen? Kann man einen guten Lehrer messen? Diese Selbst- und Fremdevaluation im Bildungswesen ist teuer und unnötig, denn Bildung und Erziehung lassen sich nicht so einfach messen wie die Produktionsleistung in einem Industriebetrieb. Evaluation ist letztlich ein Instrumentarium, das von der Industrie übernommen wurde. Ein Instrumentarium, das von einem System auf ein anderes übertragen wurde, ohne die Kompatibilität zu prüfen. Wenn in biologischen Systemen ein fremder Faktor künstlich zugeführt wird, so kann das System daran zugrunde gehen. Soweit wollen wir allerdings im Bildungswesen noch nicht denken.

Evaluation könnte eigentlich zum Unwort des Bildungssystems generell gewählt werden. Erfolg oder Misserfolg von Unterricht kann durch Evaluation nicht oder kaum beeinflusst werden. Solange man noch nicht einmal weiß, was guten Unterricht ausmacht, solange ist es sinnlos, so etwas messen zu wollen. Mit sinnlosen und teuren Datenerhebungen will man nur vernebeln, dass das Bildungssystem grundsätzlich reformiert gehört - dass das aber niemand so richtig will. Damit soll nicht gesagt werden, dass Unterricht nicht überprüft werden muss.

Selbstverständlich müssen sich Lehrer überprüfen lassen. Das geschieht sicherlich zu selten und meist nur dann, wenn Bewerbungen anstehen oder es Beschwerden über einen Lehrer gegeben hat. Es gibt zwar eine sogenannte Regelbeurteilung aber die ist nicht wirklich wirksam, um Unterricht sinnvoll zu kontrollieren. Um Unterricht besser kontrollieren zu können, müssten häufigere Unterrichtsbesuche durch den Schulleiter, oder - besser - durch Schulaufsichtsbeamte stattfinden. Dafür aber fehlt das Personal in den Ämtern. Außerdem muss gewährleistet sein, dass die Besuche professionell durchgeführt werden. Verordnete kollegiale Beratung und Kontrolle halte ich für nicht sinnvoll, da dadurch entweder die Kollegialität negativ beeinflusst werden kann oder andererseits keine aufrichtige Rückmeldung der Kollegen untereinander stattfindet. Die gesammelten Daten geben letztlich keinerlei Auskunft über die gute Schule oder gar den guten Unterricht. Einen Nutzen hat man von den erhobenen Daten schon gar nicht, denn sie führen - wie erwähnt - zu keinerlei Konsequenzen. Selbst wenn klar wird, dass Herr X oder Frau Y schlechte Lehrer sind, so kann man einen auf Lebenszeit verbeamteten Lehrer nicht entlassen. Man kann ihn (selbstverständlich pädagogisch positiv aufmunternd) auffordern, Lehrgänge zu besuchen und sich doch vielleicht zu bessern. Und wenn nicht? Um aus dem Dienst entlassen zu werden, muss ein Lehrer schon gravierend gegen alle dienst- und beamtenrechtlichen Vorgaben verstoßen. Solange er seine Dienstpflicht erfüllt - wenn auch als schlechter Lehrer, der schlechten Unterricht praktiziert - passiert gar nichts.

Thesen zum Unterricht

1. Unterricht und Lernerfolg hängen sehr eng zusammen, wobei mit dieser Feststellung noch keine »Wenn-Dann-Beziehung« beschrieben ist.
2. Die individuellen Voraussetzungen der Schüler, deren familiäre Basis und die Clique, in der sie sich bewegen, prägen ganz entscheidend deren Verhalten in der Schule und im Unterricht.
3. Guter Unterricht ist eigentlich nur vom Schüler, vom Lehrer und deren Beziehung abhängig.
4. Mit didaktischen Modellen wird Unterricht nur sehr unzureichend beschrieben und erfasst.
5. Seit Neuestem gibt es noch die Neurodidaktik - niemand weiß, was das ist und worin der Nutzen liegen soll. Solche Didaktiken sind Bauernfängerei.
6. Der wichtigste Faktor eines jeden Unterrichts ist der Lehrer. Manche Pädagogen leugnen das bis heute.
7. Der Lehrer muss fachlich versiert und engagiert sein.
8. Gute Lehrer praktizieren guten Unterricht – häufig rein intuitiv.
9. Guter Unterricht ist eine Definitionsfrage. Je nach Interessenlage versteht jeder etwas anderes darunter.
10. In einem normalen, nicht »pädagogisch verseuchten« Unterricht lernen Schüler, Sachverhalte zu erfassen und zu verstehen – sie lernen denken.
11. Guter Unterricht folgt verschiedenen Kriterien.
12. Wir könnten froh sein, wenn wir die Kriterien für guten Unterricht von Comenius (17. Jh.) bereits verwirklicht hätten.
13. Neuere Kriterienkataloge sind meist »nett« aber wenig nützlich.

14. Es gibt die sogenannten »fünf klassischen Kriterien« für guten Unterricht - Kounin. Diese sind fast schon ein Garant für guten Unterricht – bei guten Lehrern.
15. »Methodenzirkus« hilft weder dem Lehrer noch dem Schüler.
16. Der Gruppenarbeitswahn verhindert nahezu soziales Lernen.
17. Das »Teamtheater« macht die Menschen unselbstständig.
18. Projekte - mit »pädagogischen Schmus« überfrachtet - sollte man besser bleiben lassen.
19. Lernen ist - unabhängig von den Methoden - immer eigenverantwortlich. Kein Lehrer kann bei einem Schüler »Lernen machen«.
20. Entweder der Schüler bringt die Motivation mit - oder eben nicht. Kein Lehrer kann letztlich einen Schüler motivieren.
21. »Motivationszauber« ist unsinnige und unnötige Anstrengung.
22. Gekonnt durchgeführter »Frontalunterricht« ist die hohe Kunst des Unterrichtens.
23. Der Lehrer darf das Heft nicht aus der Hand geben. Wenn die Schüler das Heft in der Hand haben, geben sie es nicht mehr her.
24. Guter Unterricht ist für Lehrer und Schüler anstrengend weil fordernd.
25. Pädagogen reiten gerne »tote Pferde«.

> Ein eigentümlicher Fehler der Deutschen ist,
> dass sie, was vor den Füßen liegt,
> in den Wolken suchen.
> Schopenhauer (1788 - 1860)

Unterricht – mal mehr mal weniger gelungen

Wir haben uns gefragt, welche Aufgabe die Schule hat. Die zentrale Aufgabe, so die einfache Antwort, ist die, Unterricht zu halten. Nun muss man sich dann konsequenterweise auch fragen, welche Aufgabe Unterricht hat oder haben soll. Auch hier ist eine einfache und lapidare Antwort möglich: Unterricht ist ursprünglich dazu da, den Kindern und Jugendlichen Inhalte zu vermitteln. Inhalte vermitteln im Kontext mit Erziehung, denn wie wir bereits festgestellt haben, gibt es keinen Unterricht, in dem nicht auch erzogen wird.

Unterricht ist also immer für die Schüler da, denn diese sollen in unserem Unterricht etwas lernen. Unterricht hängt von einer Vielzahl von unterschiedlichen Variablen ab.

Da ist zum einen der Schüler selbst mit seinen Begabungen und Bedürfnissen. Er bringt eine bestimmte Art von Motivation mit, die ihm das Lernen in der Schule erleichtern oder erschweren.

Dann ist da der Lehrer, die eigentlich konstituierende Größe von Unterricht. Die Gestaltung des Unterrichts durch den Lehrer, sein methodisches Geschick (nicht sein »Methodenzirkus«), seine eigene Motivation, seine grundlegende Einstellung zum Unterricht, prägen ganz erheblich den Lernerfolg der Schüler. Wenn auch die direkte Lernwirksamkeit von Unterricht nicht geklärt ist – vielleicht nicht geklärt werden

kann - so ist es bis in die oberen Klassen, ja bis in die Erwachsenenbildung hinein, so, dass Menschen sich am ehesten durch gute Lehrer leiten und zum Lernen verleiten lassen. Die direkte Lernwirksamkeit von Unterricht wird heute mit 20 bis 40% angenommen – früher wurden die Prozentzahlen wesentlich geringer angesetzt.(Vgl. Meyer, Hilbert: Was ist guter Unterricht, S. 155.)
Natürlich kann man alle möglichen Variablen von Unterricht analysieren und ihre Wirksamkeit untersuchen, von der Gestaltung des Schulhauses über die Qualität der Medien bis hin zu den gesellschaftlichen Rahmenbedingungen, in denen Lernen stattfindet. Viele Pädagogen versuchen dies und verlieren darüber häufig das eigentliche Ziel, nämlich die Förderung von gutem Unterricht, aus den Augen. Sie sehen dann vor lauter Bäumen den Wald nicht mehr.
Letztlich sind es wohl nur drei Elemente, die den Lernerfolg ausmachen: Da ist erstens der Schüler als Person mit seinen je eigenen Voraussetzungen, dann der Lehrer mit seiner Persönlichkeitsstruktur und seiner Art zu unterrichten. Dazu kommt die Lehrer-Schüler-Beziehung, das heißt die Art und Weise, wie die Kommunikation, als Basis eines jeden Lernprozesses, zwischen Lehrer und Schüler abläuft.
Im Folgenden wollen wir unsere Aufmerksamkeit auf einige wenige dieser Unterrichtsvariablen richten - ohne allerdings die eben genannten, grundlegenden Elemente aus den Augen zu verlieren.
Im Zentrum dieses Teils der Polemik steht die Frage: Was ist guter Unterricht? Die Variablen von gutem Unterricht sind und bleiben - wie erwähnt - der Schüler, der Lehrer und deren Beziehung. Der »Methodenzirkus« im Unterricht soll ebenso unter die Lupe genommen werden, wie die weitverbreitete Gruppen- oder Projektarbeit. Aber auch pädagogische Schlagwörter wie »Eigenverantwortlichkeit« und »Motivation« werden beleuchtet und kritisch hinterfragt.

Unterricht wird von Pädagogen im Rahmen einer akademischen Herangehensweise erforscht und analysiert. Die Didaktik mit ihren didaktischen Modellen wird gerne als Wissenschaft vom Unterricht bezeichnet. Über die Wissenschaftlichkeit der Pädagogik haben wir ja bereits nachgedacht.

Didaktik – darf's ein bisschen mehr sein?

Didaktik wird allgemein als die »Kunst des Lehrens und Lernens« beschrieben. Es gibt inzwischen eine solche Vielzahl von Didaktiken, dass man fast schon den Überblick verliert. Jede Didaktik gibt vor, dass man sie nur richtig anwenden müsse, und schon könne man damit Unterricht erfolgreich planen, durchführen und analysieren. Seit jeher hat man versucht, Unterricht mit all seinen vielfältigen Facetten zu analysieren und planerisch zu verändern. Seit Comenius im Jahre 1657 seine Didactica magna veröffentlichte, wird versucht, Unterricht durch »Rezepte« zu verbessern. Allerdings sind wir heute noch nicht einmal auf dem Stand, den Comenius im 17. Jahrhundert als wünschenswert beschrieben hat (siehe unten Seite xx).
Seit Neuestem gibt es nun auch noch eine Neurodidaktik, von der jeder spricht aber keiner Auskunft geben kann, was das eigentlich ist. Gehirngerechtes Lernen wird einem dann schlagwortartig um die Ohren gehauen - und wieder weiß niemand, was nun eigentlich »gehirngerechtes Lernen« sein soll - kling aber gut.
Einige Aktivitätsmuster, die man im Gehirn bei Lernvorgängen messen kann, besagen noch lange nicht, wie Lernen wirk-

lich funktioniert. Weshalb z. B. bei Paul die gleiche Methode zu völlig anderen Ergebnissen führt als bei Hans, obwohl ähnliche Hirnareale aktiv sind, ist längst nicht geklärt. Die verschiedenen Hirnareale scheinen mit anderen Bereichen des Gehirns je nach situativem Kontext völlig verschieden zu kommunizieren. Man kann kein einfaches »wenn – dann« formulieren, um Lernen zu erklären. Die sogenannte Neurodidaktik ist bis dato eine Illusion und wird es wohl auch noch lange bleiben. Wir wissen noch nicht einmal in Ansätzen, was in unserem Gehirn beim Lernen vorgeht. Hier ist noch sehr viel Forschungsarbeit nötig. Das bedeutet, dass die Hirnforschung absolut notwendig und wichtig ist. Jede Erkenntnis, die ein weiteres Mosaiksteinchen zum Verständnis der Vorgänge im Gehirn liefert, ist von unschätzbarer Bedeutung. Es ist jedoch unredlich, so zu tun, als ob man bereits wüsste, wie unser Gehirn funktioniert und wie man Lernen »gehirngerecht« gestalten könne.

In manchen Gesprächen kann man von Pädagogen hören, dass sie tatsächlich glauben, die Neurodidaktik erkläre, wie man Lernprozesse besser gestalten könne. Wenn man dann genau nachfragt, wie dies denn nun geschehe, bekommt man vernebelnde Begriffe, die noch mehr Verwirrung stiften, als für Klarheit zu sorgen. Da viele Lehrer aber unglücklich sind über die alltägliche Unterrichtsarbeit, laufen sie jeder noch so unrealistischen Idee nach, in der Hoffnung, dass diese neue Idee nun den Weg aus dem Jammertal weise. Sie glauben den Heilsversprechen der »pädagogischen Quacksalber«, die Heilung von dem Übel versprechen, dessen Ursache sie eigentlich sind.

Man ist fast geneigt zu sagen, dass sich mit der Erfindung der Neurodidaktik einige »Rattenfänger« einen Namen machen wollten - und dies leider auch geschafft haben. Dass Lernen unter Angst nicht produktiv ist, dass ausreichend Schlaf das Lernen positiv beeinflusst, dass Konzentration und wenig Ablenkung die Lernleistung fördert, dass zu intensiver Medienkonsum der Konzentrationsfähigkeit schadet, dass positive Emotionen das Lernen erleichtern, dass Stress die Lernfähigkeit behindert und und und - das weiß jeder einigermaßen vernünftige Mensch seit Langem. Dafür braucht man nun wirklich keine Neurodidaktik. Die sogenannte Neurodidaktik kann vor allem keine Auskunft darüber geben, was guter Unterricht ist.

Die am Unterricht Beteiligten

Ohne Schüler gäbe es keine Lehrer und umgekehrt. Eine Binsenweisheit, die aber leider oft ignoriert wird, die nicht ins tiefe Bewusstsein der Beteiligten eindringt. Ein Schüler, der etwas lernen will, braucht einen Lehrer. Leider vergessen Schüler sehr oft, dass sie das, was sie können, auch und vor allem ihren Lehrern zu verdanken haben.
Kein Lehrer kann unterrichten ohne Schüler. Leider vergessen Lehrer gelegentlich, dass es ihr Beruf ist, Schüler zu unterrichten.

Schule wäre so schön - ohne Schüler

An erster Stelle für den Lernerfolg in der Schule sind die persönlichen Voraussetzungen eines jeden Schülers zu nennen. Die Persönlichkeit des Schülers wird von seinen Anlagen, dem familiären Umfeld und der Clique maßgeblich geprägt. Ein Faktor für wirksamen Unterricht (im Sinne von nachhaltiger Wissensvermittlung), der kaum zu hoch eingeschätzt werden kann, ist der familiäre Hintergrund. Die Einstellung der Familie zum Unterricht und zur Schule allgemein prägt ganz entscheidend das Verhalten der Kinder in der Klasse und beim Lernen. Eltern, die keinerlei Interesse am Lernen ihrer Kinder haben, oder andere, die ihre Kinder grenzenlos überfordern, wirken direkt – in diesem Fall negativ - auf das Lernverhalten der Schüler ein. Wenn Eltern aber positiv gegenüber der Schule und dem Lernen eingestellt sind, so werden sie für ein angemessenes Verhalten ihrer Kinder im Unterricht sorgen und das Lernen verstärkend unterstützen. Nach so manchen Elternabenden (wenn die Eltern überhaupt erscheinen) kann einem der eine oder andere Schüler eher leidtun und man hat – bis zu einem gewissen Grad – Verständnis für sein oft renitentes Verhalten.

Dazu kommt als weitere wichtige Einflussgröße die Clique, in der der Schüler gerade verkehrt. Die sogenannte Peer Group beeinflusst das Lernverhalten ganz maßgeblich. In einer Gruppe, die dem Unterricht, gleich welcher Art, negativ gegenübersteht, wird das Kind es kaum wagen, ein positives Lernverhalten zu zeigen. Deshalb ist es so wichtig, dass Eltern darauf achten, mit wem die eigenen Kinder umgehen. Ein paar Rädelsführer in der Clique, die die Mitschüler negativ beeinflussen, können unter Umständen jeden geordneten Unterricht verhindern. Hier muss oft auch ein guter und engagierter Lehrer passen.

Der Lehrer macht's – aber nicht nur

Die Person des Lehrers, seine Persönlichkeit ist das maßgebliche Kriterium für guten Unterricht. Er muss in der Lage sein, eine positive Lehrer – Schüler – Beziehung herzustellen.
Er muss vor allem hinter dem stehen, was er tut, er muss sein Fach gerne, ja leidenschaftlich vertreten und er muss in der Lage sein, die Begeisterung für sein Fach auf die Schüler überspringen zu lassen. Er muss sein Fach durch und durch beherrschen, denn »nichts ist schrecklicher als ein Lehrer, der nicht mehr weiß, als das, was die Schüler wissen sollen«. (Goethe) Und: »Er muss ein Feuer entfachen und nicht einen leeren Eimer füllen.« (Heraklit)
Gute Lehrer wussten schon immer, dass Lernen letztlich eine Sache des Einzelnen ist. Kein Lehrer konnte je Wissen in seine Schüler hineinfüllen. Ein Lehrer ist dazu da, sein Wissen so aufzubereiten, dass es dem Schüler (oder zumindest einigen von ihnen) gelingt, sich mit den Inhalten vertraut zu machen, diese zu verstehen und zu weiterführenden eigenen Gedanken zu kommen. Aber auch der beste Unterricht erspart dem Schüler nicht die Anstrengung, seinen eigenen Verstand zu gebrauchen. Ein guter Unterricht erspart es dem Schüler auch nicht, gelegentlich Inhalte auch einfach zu pauken, um diese dann vielleicht später mit noch mehr Wissen, in die richtigen Zusammenhänge stellen zu können. Es ist eine Frage von Reifung, sich zwar nicht immer alles gleich erklären zu können, aber sich dennoch damit auseinanderzusetzen. Das Warten auf das Verstehen und das Wissen darum, dass man es später verstehen wird, ist ein wichtiges Element geistigen Wachstums.
Fazit: Gute Lehrer praktizieren guten Unterricht - sehr häufig auf einer rein intuitiven Ebene. Sie wissen einfach, wie man guten Unterricht hält.

Die Frage »Was ist schlechter Unterricht« führt hier nicht weiter, da »nicht schlecht« noch lange nicht »gut« ist. Eine Bemerkung am Rande: Guten Unterricht kann man nur mit Schülern realisieren, die bereit sind, sich aktiv auf Lernprozesse einzulassen. Mit Totalverweigerern und völlig Desinteressierten kann kein noch so guter Lehrer guten Unterricht praktizieren.

Das Angebot des Lehrers muss fachlich, sachlich und methodisch bestens durchdacht, vorbereitet und präsentiert werden. Ob der Schüler das Angebot annehmen kann oder will, ist seine Sache. Unter Umständen kann er es nicht annehmen, weil er intellektuell überfordert ist, oder will es nicht annehmen, weil ihn Schule und Lernen momentan auch so gar nicht interessiert. Zur Freiheit gehört auch die Freiheit, nicht lernen zu wollen und dumm zu bleiben – mit allen Konsequenzen, die sich für das Leben daraus ergeben. Da hört die Verantwortung des Lehrers auf. Wer nicht will, den muss man eben in seinem Stumpfsinn belassen – vielleicht geht der »Knopf ja später auf«.

Der Lehrer und in Verbindung damit die Lehrer-Schüler-Beziehung ist das prägende Element von Unterrichten und Lernen. Für eine gelingende Lehrer-Schüler-Beziehung kann es keine Rezepte geben. Aber eines dürfte ganz sicher sein: Schüler wollen keine fachlichen und menschlichen »Weicheier« als Lehrer. Sie wollen auch keine sich anbiedernden Lehrer, die sich auf Kosten von Kollegen bei den Klassen »einschleimen«, in der Hoffnung, weniger Stress mit den Schülern zu haben. Schüler wollen ganz sicher aber auch keine Sadisten, die jeden in der Klasse als Gegner ansehen und diesen mit ihren autoritären Machtmitteln und ihren herabsetzenden Bemerkungen niedermachen und bloßstellen. Menschlichsein kann man leider nicht lernen. Aussagen von Schülern und gelegentlich auch Schulleitern bestätigen, dass sowohl anbiederndes als auch herabsetzendes Lehrerverhalten in allen Schularten gar nicht so selten ist.

Der Steuermann sollte an Bord bleiben

Die Unterrichtsqualität ist eine vom Lehrer abhängige Größe – das ist zwar bekannt, wird aber von vielen Pädagogen infrage gestellt. Unterrichten ist wie »wie einen Zwölfspänner fahren«. Der Kutscher hält die Zügel in der Hand und steuert das Gespann mit Weitsicht und Geschick über nicht immer ganz einfache Wege. Der »Kutscher-Lehrer« plant und steuert den gesamten Unterricht. Der Lehrer muss hohe, aber erfüllbare Leistungsanforderungen an seine Schüler stellen, um diese zu erfolgreichem Lernen anzuregen.
Ich möchte in diesem Zusammenhang eigentlich nur von »lehrergesteuertem oder lehrergelenktem Unterricht« sprechen, da Frontalunterricht von vielen Menschen (auch von Pädagogen) fälschlicherweise immer noch als der reine Lehrervortrag verstanden wird. »Wenn alles schläft und einer spricht…« (W. Busch). Nein das ist nicht Frontalunterricht, das ist Lehrervortrag - meist auch noch unprofessionell.
Ein interessanter und spannender Lehrervortrag kann für die Schüler durchaus ein Gewinn und eine Freude sein.
Anmerkung: Wann haben Sie zum letzten Mal in einem Vortrag, den sie besucht haben, versucht, den Gedanken des Vortragenden zu folgen und seine Gedanken zu verstehen? Haben Sie sich da sehr passiv gefühlt? Und natürlich hatten Sie am Ende den Eindruck, aber auch gar nichts gelernt zu haben. Da wundert man sich doch, dass es Menschen gibt, die noch in Vorträge gehen. Man ist da ja nur passiv und vergisst selbstverständlich auch alles sofort wieder – so argumentieren zumindest solche Pädagogen, die Lernen irgendwie anders – oder gar nicht verstehen.
Denken, Mitdenken, Nachdenken und Verstehen sind noch immer die Basis für jede Art von Erkenntnisgewinn - bei Vorträgen allgemein und bei einem guten Lehrervortrag.

Die wirkungsvollste Form des Lehrens (und damit des Lernens) ist die sogenannte direkte Instruktion, also der gut und gekonnt durchgeführte lehrergesteuerte Unterricht (»Frontalunterricht«). Jetzt schimpfen sie wieder, die »Reformpädagogen«, denn Frontalunterricht ist für diese Unrealisten die Pestilenz der Pädagogik schlechthin. Da seien die armen Schüler ja nur rezeptiv, also passiv im Klassenzimmer anwesend.

»Das Denken ist zwar allen Menschen erlaubt, aber vielen bleibt es erspart.« (Curt Goetz) – Anscheinend vor allem manchen Pädagogen.

Lehrergesteuerter Unterricht heißt, dass der Lehrer alle unterrichtlichen Aktivitäten anregt, anweist, kontrolliert und bewertet. Gekonnter lehrergesteuerter Unterricht verlangt vom Lehrer eine ganze Menge. Er muss seinen Stoff von Grund auf beherrschen, er muss diesen schülergerecht aufbereiten, er muss jederzeit Herr der Situation im Klassenzimmer sein. Er ist ein Jongleur, der nichts dem Zufall überlässt, aber gleichzeitig so flexibel ist, dass er auf Unvorhergesehenes adäquat reagieren kann. Er wechselt die Methoden – sparsam, den Schülern angemessen und dem Thema entsprechend. Er kann einen guten, spannenden Vortrag halten und im naturwissenschaftlichen Unterricht ebenso sicher und gekonnt, Experimente anleiten. Er ist der Steuermann, der beschleunigt, bremst, lenkt, Pausen einlegt und die Schüler animiert, selbst zu denken. Er bestätigt und korrigiert die Gedankengänge seiner Schüler. Er trägt nicht nur vor, sondern diskutiert auch. Ein Lehrer, der gut und gekonnt frontal unterrichtet, ist ein Gewinn für die Schüler und ermöglicht diesen ein Lernen in einer angenehmen Atmosphäre. Dazu braucht man allerdings Schüler, die in der Lage sind, diszipliniert und konzentriert mitzuarbeiten.

Sie versuchen (im Idealfall), die Gedanken des Lehrers aufzunehmen und diese in seine vorhandene Wissensstruktur einzubauen. In einem nächsten Schritt gelingt es ihnen vielleicht, eigene, darüber hinausreichende Gedanken zu entwickeln.

Es ist eine Mär, zu behaupten, im lehrergesteuerten Unterricht sei der Schüler nur passiv-rezeptiv anwesend. Wenn man Aktivität aber lediglich als »Hantieren« auffasst und dabei meint, dass nur dieses Hantieren zu aktivem Lernen führe, dann kann man zu einem solchen Trugschluss kommen.

Es wurde in den letzten Jahren teilweise der Eindruck erweckt, dass der Lehrer im »Klassenzimmer des eigenverantwortlichen Lernens« nur störe und die Kinder behindere. Der Lehrer solle in den Hintergrund treten – oder vielleicht sogar völlig verschwinden. Alles Unfug – pädagogischer Unfug. Schulisches Lernen ist und bleibt an einen guten Lehrer gebunden.

»Guter Unterricht« – gibt es den denn überhaupt?

»Was ist guter Unterricht?« Das ist die Frage »nach des Pudels Kern«. Eine unüberschaubare Anzahl von Büchern widmet sich diesem Thema. Einen Konsens gibt es nicht, kann es nicht geben, da die einen vom Unterricht etwas anderes erwarten als die anderen. Wer Unterricht als sozial-integrative Veranstaltung betrachtet, wird etwas anderes für gut befinden, als jemand, der sich im Unterricht nachhaltige Wissensvermittlung wünscht.

Manche Pädagogen sprechen heute davon, dass Unterricht eine Art »Edutainment« sein soll. Edutainment, die Verbindung von »Education« (Bildung) und »Entertainment« (Unterhaltung) kann nicht Basis des Schulunterrichts sein. Ein Paradebeispiel für Edutainment ist sicherlich »Die Sendung mit der Maus«. Hier werden multimedial Wissensfragen mit unterhaltsamen Mitteln geklärt. Auch im »normalen« Unterricht kann und soll es Elemente von spielerischem und unterhaltsamem Lernen geben, aber das kann nicht die Basis von Schulunterricht sein. Außerdem stellt man fest, dass Schüler schnell das Interesse an solch medial aufbereiteten Inhalten verlieren, wenn sie merken, dass das Lernen, das der Unterhaltung folgen sollte, dann doch recht anstrengend ist.

Denken kann nicht schaden.

Zentrales Element eines Unterrichts, der das Prädikat »gut« verdienen würde, ist – wie mehrfach erwähnt - das Denken.
Der Lehrer »verführt« seine Schüler zum Denken.
Schachspieler lernen, durch das Nachspielen großer Schachpartien, sich in die Gedankenwelt eines anderen Spielers hineinzuversetzen. Sie »denken nach« (im Sinne von »hinterher«) und schulen so das eigene Denkvermögen.
So könnte es (sollte es) auch in der Schule sein. Schüler setzen sich mit Gedankengängen großer Philosophen, Dichter, Musiker auseinander oder versuchen, naturwissenschaftliche Erkenntnisse zu verstehen und entwickeln so eigene Denkstrukturen. Dies ist eine schlichte Tatsache, die im Unterricht unserer heutigen Schulen leider kaum noch eine Rolle spielt.
Sind sich unsere Pädagogen zu schade dafür, die Gedanken anderer nachzuvollziehen und zu verstehen?
Philosophen denken »Über Gott und die Welt« nach. Sie befassen sich unter anderem mit Gedanken, die andere vor ihnen schon gedacht haben. Sie versuchen, deren Gedankengänge zu

Der Steuermann sollte an Bord bleiben

Die Unterrichtsqualität ist eine vom Lehrer abhängige Größe – das ist zwar bekannt, wird aber von vielen Pädagogen infrage gestellt. Unterrichten ist wie »wie einen Zwölfspänner fahren«. Der Kutscher hält die Zügel in der Hand und steuert das Gespann mit Weitsicht und Geschick über nicht immer ganz einfache Wege. Der »Kutscher-Lehrer« plant und steuert den gesamten Unterricht. Der Lehrer muss hohe, aber erfüllbare Leistungsanforderungen an seine Schüler stellen, um diese zu erfolgreichem Lernen anzuregen.

Ich möchte in diesem Zusammenhang eigentlich nur von »lehrergesteuertem oder lehrergelenktem Unterricht« sprechen, da Frontalunterricht von vielen Menschen (auch von Pädagogen) fälschlicherweise immer noch als der reine Lehrervortrag verstanden wird. »Wenn alles schläft und einer spricht…« (W. Busch). Nein das ist nicht Frontalunterricht, das ist Lehrervortrag - meist auch noch unprofessionell.

Ein interessanter und spannender Lehrervortrag kann für die Schüler durchaus ein Gewinn und eine Freude sein.

Anmerkung: Wann haben Sie zum letzten Mal in einem Vortrag, den sie besucht haben, versucht, den Gedanken des Vortragenden zu folgen und seine Gedanken zu verstehen? Haben Sie sich da sehr passiv gefühlt? Und natürlich hatten Sie am Ende den Eindruck, aber auch gar nichts gelernt zu haben. Da wundert man sich doch, dass es Menschen gibt, die noch in Vorträge gehen. Man ist da ja nur passiv und vergisst selbstverständlich auch alles sofort wieder – so argumentieren zumindest solche Pädagogen, die Lernen irgendwie anders – oder gar nicht verstehen.

Denken, Mitdenken, Nachdenken und Verstehen sind noch immer die Basis für jede Art von Erkenntnisgewinn - bei Vorträgen allgemein und bei einem guten Lehrervortrag.

Die wirkungsvollste Form des Lehrens (und damit des Lernens) ist die sogenannte direkte Instruktion, also der gut und gekonnt durchgeführte lehrergesteuerte Unterricht (»Frontalunterricht«). Jetzt schimpfen sie wieder, die »Reformpädagogen«, denn Frontalunterricht ist für diese Unrealisten die Pestilenz der Pädagogik schlechthin. Da seien die armen Schüler ja nur rezeptiv, also passiv im Klassenzimmer anwesend.

»Das Denken ist zwar allen Menschen erlaubt, aber vielen bleibt es erspart.« (Curt Goetz) – Anscheinend vor allem manchen Pädagogen.

Lehrergesteuerter Unterricht heißt, dass der Lehrer alle unterrichtlichen Aktivitäten anregt, anweist, kontrolliert und bewertet. Gekonnter lehrergesteuerter Unterricht verlangt vom Lehrer eine ganze Menge. Er muss seinen Stoff von Grund auf beherrschen, er muss diesen schülergerecht aufbereiten, er muss jederzeit Herr der Situation im Klassenzimmer sein. Er ist ein Jongleur, der nichts dem Zufall überlässt, aber gleichzeitig so flexibel ist, dass er auf Unvorhergesehenes adäquat reagieren kann. Er wechselt die Methoden – sparsam, den Schülern angemessen und dem Thema entsprechend. Er kann einen guten, spannenden Vortrag halten und im naturwissenschaftlichen Unterricht ebenso sicher und gekonnt, Experimente anleiten. Er ist der Steuermann, der beschleunigt, bremst, lenkt, Pausen einlegt und die Schüler animiert, selbst zu denken. Er bestätigt und korrigiert die Gedankengänge seiner Schüler. Er trägt nicht nur vor, sondern diskutiert auch. Ein Lehrer, der gut und gekonnt frontal unterrichtet, ist ein Gewinn für die Schüler und ermöglicht diesen ein Lernen in einer angenehmen Atmosphäre. Dazu braucht man allerdings Schüler, die in der Lage sind, diszipliniert und konzentriert mitzuarbeiten.

Sie versuchen (im Idealfall), die Gedanken des Lehrers aufzunehmen und diese in seine vorhandene Wissensstruktur einzubauen. In einem nächsten Schritt gelingt es ihnen vielleicht, eigene, darüber hinausreichende Gedanken zu entwickeln.

verstehen und die daraus gewonnenen Erkenntnisse in ihr eigenes Gedankengebäude zu integrieren. Daraus entwickeln sie dann eigene, weiterführende Gedanken und geben diese weiter.
Denken ist – bei normalen Menschen – etwas höchst Aktives. Schon rein physiologisch verbraucht das Gehirn bei seiner Arbeit etwa 20% der dem Körper zugeführten Energie - ist also aktiv. Gut, bei manchen vielleicht etwas weniger.
Wie bereits erwähnt, wird das Vermitteln von sachlichen Inhalten von vielen Pädagogen heftig negiert. Das Gelernte würde man schnell wieder vergessen und es wäre deshalb unwirksam. Dazu kann man mit Lichtenberg nur sagen: »Ich vergesse das meiste, was ich gelesen habe, so wie das, was ich gegessen habe; ich weiß aber soviel, beides trägt nichtsdestoweniger zur Erhaltung meines Geistes und meines Leibes bei.« (Sudelbücher Heft J (133)
An solchen Inhalten, die zwar momentan nicht mehr direkt verfügbar sind, haben die Schüler auf einem bestimmten Abstraktionsniveau ihr Denkvermögen geschult. Wissensbestände, die wir bei einem - wie auch immer gearteten - Schulabschluss noch bewusst zur Verfügung hatten, können im Laufe der Jahre in Vergessenheit geraten. Sie sind allerdings nicht gänzlich verloren, sie sind latent noch immer vorhanden und können bei Bedarf in der Regel recht schnell wieder reaktiviert werden (je nach Alter mehr oder weniger schnell). Der Lehrer unterbreitet dem Schüler mit seinem von ihm gesteuerten Unterricht ein Angebot.
Aus diesem Grunde ist eine Theorie des Unterrichts, die von einem optimalen Unterrichtsangebot ausgeht und die Nutzung des Angebotes dem Schüler überlässt, eine einsichtige Theorie (vgl. Helmke, A.; Unterrichtsqualität). Diese Angebots – Nutzen – Idee überlässt es dem Schüler, ob er ein (sehr gutes) Angebot annehmen will oder nicht. Der Faktor Mensch ist es, der den Unterricht determiniert. Die Annahme des Angebotes verlangt vom Schüler Engagement und Fleiß.

Dem Zitat »Genie ist Fleiß« (Zitat wird verschiedenen Autoren zugeschrieben: Fontane, Goethe, Fichte) kann man unumwunden zustimmen. Auch den Satz von Edison: »Genie ist 1% Inspiration und 99% Transpiration« kann man als Beleg für Fleiß und eigenes Nachdenken heranziehen. Thomas A. Edison (1847 – 1931)

Anmerkung: Häufig hört man von Pädagogen das Argument, dass man nicht das Lernen von Inhalten oder das Nachvollziehen von Gedanken anderer Menschen schulen, sondern die Kreativität der Kinder fördern solle. Dabei wird gerne übersehen, dass Kreativität unter anderem - neben dem Nachdenken über Inhalte und Ideen - eine Folge von breitem Basiswissen und der Auseinandersetzung mit Gedanken anderer Menschen ist. Nur auf dieser Basis können sich eigene Gedanken entwickeln, können geniale Einfälle gelingen. Aus Biografien bedeutender Künstler ist u.a. immer wieder die Feststellung herauszulesen, dass sie nur auf der Basis von sicherem Grundlagenwissen, mit viel Übung und Fleiß, mit viel Frustrationstoleranz und sicherem Urteilsvermögen zu herausragenden, kreativen Ergebnissen gekommen sind.

Gibt es Merkmale für guten Unterricht?

Comenius legte 1657 seine »Didaktica magna« vor. (In Böhmischer Sprache erschien das Werk bereit 1632.) Im 17. Kapitel beschreibt er die »Grundsätze zu leichtem Lehren und Lernen«. Um zu zeigen, wie wenig weit wir seit Comenius im Verstehen von Lernprozessen und der Gestaltung von gutem Unterricht gekommen sind, sollen seine Grundsätze kurz dargestellt werden.

Manche seiner Grundsätze sind nur aus seiner Zeit heraus zu verstehen und heute nicht mehr akzeptabel.

(Auszug aus: Comenius, J. A.: Große Didaktik, 17. Kapitel)

»Indem wir dem von der Natur vorgezeichneten Wege folgen, finden wir, dass die Jugend leicht zu erziehen ist, wenn

I. frühzeitig, bevor der Verstand verdorben ist, damit begonnen wird,
II. die nötige Vorbereitung des Geistes vorangeht,
III. der Unterricht vom Allgemeinen zum Besonderen und
IV. vom Leichten zum Schweren fortschreitet;
V. wenn niemand durch die Menge des zu Lernenden überladen wird, und man
VI. stets langsam vorgeht;
VII. wenn man dem Geiste nichts aufzwingt, wonach er nicht aus freien Stücken – der Altersstufe und dem Ausbildungsgang entsprechend – verlangt;
VIII. wenn alles durch sinnliche Anschauung und
IX. zu gegenwärtigem Nutzen gelehrt wird;
X. wenn man immer bei derselben Methode bleibt.«

Viele, zu viele Pädagogen haben in der Nachfolge von Comenius eigene Grundsätze für guten Unterricht vorgelegt. Häufig sind es völlig unausgegorene Theoriegebäude oder Ansammlungen von reinen Banalitäten, die da verbreitet werden. Die Auswahl der Kriterien für guten Unterricht scheint gelegentlich recht willkürlich zu sein.

Manche Lehrer erteilen einfach intuitiv guten Unterricht, ohne sich über irgendwelche Theorien tiefschürfende Gedanken zu machen. Andere orientieren sich an bestehenden (merkwürdigen) Didaktiken – und scheitern grandios. Das ehrliche und kritische Nachdenken über den eigenen Unter-

richt ist die Basis für jeden guten Unterricht. Kriterienkataloge können helfen, das Nachdenken über Unterricht zu systematisieren – mehr aber nicht.
Zur Zeit werden in der Lehrerausbildung meist die zehn Kriterien für guten Unterricht von Hilbert Meyer aus dem Jahre 2004 propagiert. Auch diese sollen der Vollständigkeit halber kurz genannt werden.
Die folgende Liste ist entnommen aus: (Meyer, Hilbert: Was ist guter Unterricht?; Berlin Cornelsen 2004).
Zehn Merkmale guten Unterrichts (Kriterienmix)

1. Klare Strukturierung des Unterrichts
2. Hoher Anteil echter Lernzeit
3. Lernförderliches Klima
4. Inhaltliche Klarheit
5. Sinnstiftendes Kommunizieren
6. Methodenvielfalt
7. Individuelles Fördern
8. Intelligentes Üben
9. Transparente Leistungserwartungen
10. Vorbereitete Umgebung

Lassen wir diese zehn Merkmale einfach so stehen und kümmern uns nicht um die (vielleicht magere) Brauchbarkeit. Jeder dieser zehn Punkte ist für sich genommen wichtig und unwidersprochen. Nicht in jeder Stunde können alle Kriterien erfüllt werden.
Solche Kataloge gaukeln den Lehrern einerseits vor, dass man sich nur nach diesen Kriterien richten müsse und schon wird der Unterricht gut. Andererseits aber belasten sie die Lehrer, weil diese genau wissen, dass diese Maximalforderungen so nicht zu erfüllen sind. Ein wesentlicher Faktor für guten Unterricht fehlt bei H. Meyer allerdings - der Lehrer, der Lehrer als maßgebliche Person im Lernprozess (»lern-

förderliches Lernklima« sagt in diesem Zusammenhang zu wenig). Jeder Kriterienkatalog, jede Methode ist immer nur so gut, wie der Lehrer, der sie anwendet.
Im Jahre 1970 hat der amerikanische Psychologe und Erziehungswissenschaftler Kounin, nach umfangreichen Studien an amerikanischen Schulen, eine Schrift zum »management in classrooms« herausgebracht. 1976 erschien das Werk in deutscher Sprache. Man kann es heute getrost zu den Klassikern der pädagogischen Literatur rechnen. Kounin untersuchte primär Disziplinprobleme und mangelnde Mitarbeit im Unterricht. Mit seinen »Dimensionen der Klassenführung« beschreibt er ganz unmissverständlich, wie man Klassen führen sollte, damit guter Unterricht möglich wird.
Seine Vorschläge sind so einfach und in sich schlüssig – und nicht nur für die Fachwelt von Interesse -, dass ich auch diese dem Leser nicht vorenthalten möchte.
Der wesentliche Faktor eines jeden guten Unterrichts ist die Kunst der Klassenführung.
Kounin beschränkt sich auf wenige Kriterien.

1. Allgegenwärtigkeit:
Der Lehrer sollte alles, was im Klassenzimmer läuft, mitbekommen. Fehlverhalten wird sofort geahndet.
2. Überlappung:
Das ist die Eigenschaft, sich zwei Dingen gleichzeitig widmen zu können. Er kontrolliert beispielsweise die Hefte und kann auch gleichzeitig einem Kind eine Frage beantworten.
3. Reibungslosigkeit
Unterricht muss ohne Leerlauf reibungslos ablaufen. Leerlauf, gleich welcher Art, fördert immer undiszipliniertes Verhalten.
4. Schwung
Schwung meint, dass das Lerntempo und die Abfolge einzelnen Unterrichtsphasen als stimmig erlebt werden. Keine störende Hektik und keine Langweile.

5. Gruppenfokus
Es müssen ständig immer alle Schüler beschäftigt sein. Bei der Gruppenarbeit z. B. darf es keine Unterbeschäftigung einzelnen Schüler geben.

Es ist zugegebenermaßen nicht immer einfach, diesen Regeln gerecht zu werden. Aber genau diese Prinzipien sind es, die einen guten Unterricht ausmachen. Lehrer, die dagegen verstoßen, dürfen sich nicht beklagen, wenn die Schüler sich undiszipliniert verhalten. Ein Lehrer muss diese Techniken beherrschen. Aber: Alle Techniken helfen nichts, wenn der Lehrer nicht damit umgehen kann und wenn die Lehrer – Schüler – Beziehung nicht stimmt.
Fazit: Guter Unterricht ist für Lehrer und Schüler anstrengend, denn wirklich »guter Unterricht« ist Arbeit. Der Lehrer, der guten Unterricht durchführen möchte, muss viel Arbeit in die Vorbereitung und Durchführung stecken. Der Schüler, der guten Unterricht erleben will, muss sich aktiv einbringen und darf die Mühe des Mitdenkens nicht scheuen.

Habe nun ach alle Methoden probiert

Glaubt man manchen der Pädagogen, so ist ein wesentliches, wenn nicht gar das wichtigste Element von gutem Unterricht die Methode, die der Lehrer anwendet. Comenius sagte »immer bei der gleichen Methode bleiben« und Hilbert Meyer und viele andere der modernen Pädagogen sprechen von »Methodenvielfalt« im Unterricht. Beide Ansichten sind so nicht haltbar. Zwar soll der Lehrer über ein umfassendes Methodenrepertoire verfügen, dieses aber sparsam, inhalts- und situationsadäquat einsetzen. Die Methode muss in jedem Fall immer zum Inhalt passen. Was man da so in manchen Stunden als Beobachter zu sehen bekommt, ist nichts anderes als Methodenzirkus (leider von manchen Kollegen an den Seminaren stark gefördert, ja sogar verlangt), der weder dem Schüler noch dem Lernprozess förderlich ist. Da stößt man auf Begriffe wie »Fishbowl«, »Brainstorming«, »Feedback«, »Brainwriting«, »Placemat-Methode«, »Vier-Ecken-Entscheidungen«, »Evaluationsscheibe«, »Laufdiktat« usw. Laufdiktate sollen angeblich die Konzentration fördern, indem sie den Bewegungsdrang der Kinder einbeziehen. Durch Rumrennen (und meist ist es ein Rumrennen im Klassenzimmer) lernt man sicher keine Konzentration, sondern durch still sitzen. Wenn jemand konzentriert meditieren will, rennt er wohl kaum durch die Gegend. Wenn man Merk- und Konzentrationsfähigkeit fördern möchte, wäre es da nicht viel einfacher, wieder einmal ein Gedicht auswendig lernen zu lassen? Das wäre der deutlich bessere Weg, Konzentration einzuüben. Lehrer sollten nicht auf jede methodische Merkwürdigkeit reinfallen. Auch Lehrern ist denken erlaubt.

Viele der publizierten Methoden für den Unterricht sind sinnloser Aktionismus, der den Lernprozess eher behindert anstatt ihn zu fördern. Manche Methoden werden im Unterricht so unreflektiert eingesetzt, dass man sich gelegentlich nach einer Lehrprobe des Eindrucks nicht erwehren kann, dass die Schüler eher verwirrt wurden, anstatt etwas gelernt zu haben.

Die Gruppenarbeit wird es schon richten

Siehe hierzu auch die Ausführungen im Abschnitt »Schule«. Kaum eine besuchte Unterrichtsstunde, in der nicht mindestens 20 bis 25 Minuten Gruppenarbeit praktiziert wird.
Aber: Kann man wirklich im Team lernen? Gleich vorab: Meist nicht. Lernen ist ein absolut individueller Vorgang, der bei jedem Einzelnen in seinem Kopf und nur in seinem Kopf abläuft. Mitschüler sind da eher störend als hilfreich. Hat man in einem individuellen Lernvorgang seine eigenen Gedanken entwickelt, so kann man in der Gruppe, im Team, dieses neu erworbene Wissen, diese neuen Gedanken auf den Prüfstand stellen und im Austausch mit den anderen seine eigenen Ideen weiterentwickeln. Ein Team ist – wie im Abschnitt »Die Teamlüge« bereits dargelegt wurde - dann erfolgreich, wenn jedes Mitglied mit einem guten und fundierten Wissen ausgestattet ist und dieses Wissen im Austausch mit anderen erweitert und damit vielleicht kreativ neue Gedanken entwickelt. Wenn keiner im Team eine Orientierung hat, findet man den Weg auch gemeinsam nicht.
Bei Gruppenarbeit im Unterricht werden unendlich viele Fehler gemacht. Das fängt schon bei der Gruppenbildung in der Klasse an. Wenn die Einteilung der Gruppen vom Lehrer nicht gekonnt gesteuert wird, so produziert man eher Außenseiter, als dass solche integriert werden können. »Mit dem wollen wir nicht…«; »die Zicke wollen wir nicht in unsrer Gruppe haben« – so klingt es bei nicht gekonnter Gruppeneinteilung. Im späteren Berufsleben kann man sich seine Arbeitskollegen auch nicht aussuchen und muss dennoch mit ihnen klarkommen.
Was übrigens die Qualität der Arbeitsergebnisse anlangt, so sind diese bei der schulischen Gruppenarbeit meist deutlich schlechter als bei einer Einzelarbeit. Hannah Arendt formu-

lierte dies schlichte Erkenntnis ganz einfach und prägnant: Es gibt nichts, was der Arbeitsqualität fremder und schädlicher wäre als Gruppenarbeit. (Zitiert aus: Bolz, N.: Die ungeliebte Freiheit, 2010, S. 101). Damit trifft Hannah Arendt den Nagel auf den Kopf.

Häufig wird dagegen argumentiert, dass bei der Gruppenarbeit vermehrt soziale Lernziele im Vordergrund stünden. Als soziale Lernziele werden Rücksicht, wechselseitiger Respekt, Einhalten von Regeln und Kommunikationsfähigkeit angeführt. Diese sicherlich wichtigen Verhaltensweisen können im gekonnt durchgeführten lehrergeführten Unterricht (Frontalunterricht) ebenso angebahnt werden wie im Gruppenunterricht.

Wie bereits erwähnt, darf vor allem der Anpassungsdruck durch die Gruppe in der Schule nicht unterschätzt werden. Individualität und eigene Meinung werden in Gruppen meist eher unterdrückt als gefördert. So lernen Schüler Anpassung aber nicht den mutigen und freien Umgang mit der eignen Meinung.

Es scheint fast so, als ob manche pädagogischen Sektierer genau das wollen, eine sozialistische Einheitsmeinung, die dann als die einzig wahre Freiheit verkauft wird. Individualität und Freiheit im Humboldtschen Sinne bleiben dabei völlig auf der Strecke. Hier wird genau das gefördert, was dem lehrergeführten Unterricht immer vorgeworfen wurde und wird: Anpassungsdruck und Untertanengeist.

Man kann den Lehrern bezüglich der Gruppenarbeit nur noch mit Kant zurufen: »sapere aude!« »Habe Mut, dich deines eigenen Verstandes zu bedienen!«

Ein weiteres oft gehörtes Argument für die Gruppenarbeit ist, dass diese den Lehrer entlasten solle, da die Schüler ja eigenverantwortlich lernen würden. Wovon denn entlasten – von der Arbeit? Es ist die unleugbare Pflicht eines Lehrers zu unterrichten, auch wenn dies vielleicht anstrengend sein mag.

Im Übrigen ist die Arbeitsentlastung nur eine Scheinbare, denn (richtig verstandene) Gruppenarbeit bedeutet ein hohes Maß an Vorbereitung.

Man könnte natürlich – mit viel gutem Willen – argumentieren, dass der Lehrer bei Gruppenarbeitsphasen mehr Zeit hätte, Schüler zu beobachten und damit pädagogische Diagnostik zu betreiben. Vergessen wir dies getrost, denn zum einen kann der Lehrer das nicht (woher auch) und zum anderen hat er keine Zeit dafür, denn er muss für die Schüler als Ansprechpartner zur Verfügung stehen.

Fazit: Gruppenarbeit nur in Ausnahmefällen. Gelungene Gruppenarbeit ist nicht einfach und fordert vom Lehrer im Vorfeld viel Planungsarbeit und Durchsetzungsvermögen während der Arbeitsphase. Also, es muss Schluss sein mit dem Gruppenarbeitsterror, der an vielen Schulen herrscht und auch in der Lehrerausbildung heftig propagiert wird.

Alle wollen (keine) Projekte

Projekte stehen momentan so hoch im Kurs, dass manche Schulen sogar zwei bis drei Projektwochen (teilweise haben die Veranstaltungen auch andere Namen) in ihre Jahrespläne aufgenommen haben.

Die neuen Pädagogen beharren - zu unrecht - darauf, dass Projekte die Hochform des Unterrichts seien.

Es wurden in verschiedene Publikationen zum Projektunterricht Kriterien zusammengestellt, die helfen sollen, die Projekt-arbeit wertvoll zu machen und nachhaltig wirksam werden zu lassen. Diese Kriterien sollen hier kurz genannt werden, damit sich der Leser einen Eindruck von der Projektarbeit, wie sie heute an den Schulen durchgeführt wird, machen kann. (Vgl.: Frey, Karl: Die Projektmethode, Beltz 1995) Die Projektschritte sind:

1) Projektinitiative (möglichst durch die Schüler)
2) Projektskizze (Ergebnis mit der Auseinandersetzung mit der Projektinitiative)
3) Projektplan (Festlegung, wer was mit wem und wann)
4) Projektdurchführung (meist in Gruppen)
5) Projektende (meist mit Präsentation)
   Dazu sollen noch folgende Elemente als ganz wichtig hinzukommen:
6) Fixpunkte (Zwischenergebnisse der einzelnen Gruppen werden überprüft)
7) Metainteraktion (das Geschehen in der Gruppe wird reflektiert)

Auf diese Weise sollen Inhalte in der Schule erarbeitet werden – das können nur noch »Projektfetischisten« glauben. Da kommen mir schon eher die Projektstufen in den Sinn, wie sie wohl häufig in der realen Welt anzutreffen sind (Quelle unbekannt):
- Begeisterung
- Ernüchterung
- Frustration
- Suche nach den Schuldigen
- Bestrafung der Unschuldigen
- Belohnung der Unbeteiligten

Einmal im Jahr ein schönes Projekt in der Schule durchzuführen, kann sinnvoll sein. Dabei wird eine andere Arbeitsform erprobt und es können außerhalb des regulären Unterrichts Erfahrungen gemacht werden, die dem Schüler – wenn er will (und willig ist) – eine gewisse Horizonterweiterung ermöglichen. Um die Schüler bei ihrer Arbeit nicht in die falsche Richtung laufen zu lassen, ist die steuernde Präsenz des Lehrers erforderlich.

Diese steuernde Präsenz des Lehrers lehnen die Projektfanatiker allerdings ab. Sie behaupten noch immer »der Weg sei das Ziel« und »Projekte können auch scheitern« und dass eine neue »Fehlerkultur« dem Schüler erlaube, auch Fehler machen zu dürfen. Natürlich muss man in der Schule Fehler machen dürfen, ohne gleich abgestraft oder gemaßregelt zu werden. Aber man muss als Lehrer doch nicht dabei zusehen, wie Schülergruppen auf einen Fehler zusteuern. Der Lehrer soll helfen, dass Fehler vermieden werden. In Gesprächen mit manchen Pädagogen kann man den Eindruck gewinnen, dass unbedingt Fehler gemacht werden sollen. Natürlich lernt man viel aus eigenen Fehlern, aber das ist doch kein Grund, sozusagen unbedingt Fehler machen zu sollen, weil man damit viel lernt. Da wird dann häufig von einer neuen »Fehlerkultur« (was ist das?) gesprochen. Natürlich werden überall Fehler gemacht. Diese müssen dann analysiert und gegebenenfalls korrigiert werden. Der beste Weg ist aber immer noch der, Fehler erst gar nicht machen.

Immer wieder wird in diesem Zusammenhang davon gesprochen, dass der Weg das Ziel sei. Nein, nicht der Weg ist das Ziel – das Ziel ist das Ziel. Wer keine Ziele hat, braucht auch keine Wege.

Fazit: Projekte in der Schule nur mit deutlich geringerem zeitlichen Umfang und – vor allem - mit wesentlich weniger »pädagogischem Schmus« belastet.

Wer mit seinen Schülern Projekte durchführen will, kann das bei diversen Wettbewerben, wie »Jugend forscht«, oder speziell für den Realschulbereich »NANU« (Neues aus dem naturwissenschaftlichen Unterricht – Baden-Württemberg) tun. Bei diesen Wettbewerben können sehr anspruchsvolle Projekte durchgeführt werden, wie man dies bei Präsentationen und Preisverleihungen erkennen kann.

Nun seid mal schön eigenverantwortlich

Ein Schlagwort, das heute bei vielen pädagogischen Gesprächen immer wieder aufgegriffen wird, ist das des »Eigenverantwortlichen Lernens«.
Da sind wir auch schon wieder in der Bredouille, denn eine klare Definition für eigenverantwortliches Lernen gibt es nicht. Fragt man Pädagogen und Lehrer, so versteht jeder etwas anderes darunter. Häufig hört man Argumente, dass die Schüler sich die Inhalte, mit denen sie sich beschäftigen wollen, selbst auswählen dürfen und dass die Schüler ihr Lerntempo selbst bestimmen können. Dass Schüler sich »die« Inhalte selbst aussuchen, die für den schulischen Erfolg und für das spätere Leben wichtig sind, kann mit Fug und Recht bezweifelt werden.
Das mit dem eigenen Lerntempo ist in einer Schulklasse – trotz der sogenannten »inneren Differenzierung« – problematisch. Die Klasse insgesamt muss irgendwann an einem gemeinsamen Ziel ankommen.
Klippert (Eigenverantwortliches Arbeiten und Lernen, 2001) will die Schüler aus ihrer vermeintlichen rein passiven und rezeptiven Haltung im Unterricht befreien und auf diese Weise eigenverantwortlich werden lassen. Das Schlagwort hierfür heißt Handlungsorientierung. Die Schüler sollen – so die Idee

Klipperts - durch Erlernen von Methoden in wechselnden Sozialformen des Unterrichts zu eigenverantwortlichem Lernen befähigt werden.

Es wurde bereits mehrfach darauf hingewiesen, dass jedes Lernen - gleichgültig mit welchen Methoden - immer eigenverantwortlich ist. Nur der Lerner entscheidet letztendlich darüber, ob er etwas lernen möchte oder nicht. Der Lehrer kann nicht die Verantwortung für das Lernen der Schüler übernehmen, er ist aber verantwortlich dafür, dass dem Schüler, der lernen möchte, der Weg dazu geebnet wird.

Eine Methode, die in der Schule gar nicht so selten verwendet wird, soll hier kurz dargestellt werden.

Es handelt sich um die Stationenarbeit (manche sagen auch Lernzirkel – das sind aber zwei verschiedene Dinge).

Neben Projekten, Gruppenarbeit und anderen methodischen Fragwürdigkeiten, wird auch die sogenannte Stationenarbeit als wichtiges Element des eigenverantwortlichen Lernens herausgestellt. Glauben Pädagogen, die solche Ideen verbreiten wirklich, dass ein Schüler, der kein Interesse an einem Thema hat, sich über die Stationenarbeit begeistern lässt? Er darf sich ja nun »eigenverantwortlich« (meist) in einer Gruppe mit dem verlangten Inhalt »befassen müssen« und wird selbstverständlich voller Eifer und nachhaltig lernen. Hier versetzt der Glaube eben keine pädagogischen Berge.

Zumindest entfällt bei der Stationenarbeit die unselige Präsentation. Allerdings muss der Lehrer am Ende der Stunde oder der Unterrichtseinheit streng darauf achten, dass alle Schüler auf dem gleichen Wissenstand sind. Das geschieht leider nicht immer, vielleicht sogar eher selten.

Fazit: Auch hier gilt, dass gelegentliche, gekonnt geplante und durchgeführte Stationenarbeit den Unterricht methodisch auflockern kann und dem Schüler die Möglichkeit gibt, andere Lernformen zu erproben. Würde man diese Arbeitsweise bezüglich des Lernfortschritts einer Effizienz- und Effektivitätskontrolle unterziehen, so käme man wahrscheinlich zu recht negativen Ergebnissen.

Es ist wahrlich keine neue Erkenntnis, dass Lernen im Rahmen schulischer Bildung – auch mit verschiedenen Methoden – unter anderem dazu da sein muss, den Menschen Schritt für Schritt zu Unabhängigkeit und Selbstständigkeit zu führen. »Der ist der beste Lehrer, der sich nach und nach überflüssig macht.« (George Orwell)

Die Betonung liegt auf »nach und nach«. Das bedeutet, dass der Lehrer sehr früh damit beginnen muss, seinen Schülern – auf deren jeweiligem Entwicklungsstand – selbstständiges Denken und Handeln abzuverlangen. Die Kunst dabei ist, den Weg zur Selbstständigkeit so zu bahnen, dass die Kinder weder unter- noch überfordert werden.

Aber genau hier – bei der freien Entscheidungsfähigkeit – liegt der Fehler vieler Lehrer und Eltern. Sie fordern von Kindern teilweise völlig unnötige und unsinnige Entscheidungen, die diese noch gar nicht treffen können oder wollen. Ein Schüler kann nicht über die Bedeutung von Lerninhalten entscheiden ebensowenig wie ein Zwei- oder dreijähriger Knabe nicht über die Hose entscheiden kann, die für ihn gekauft werden muss.

Eine weitere Idee des selbstbestimmten Lernens ist die sogenannte Wochenplanarbeit. Dabei sollen sich die Schüler eine Art Arbeitsplan geben (oder vom Lehrer geben lassen) und danach ihre Arbeiten über die Woche sinnvoll zu verteilen. Eine grundsätzlich ja nicht einmal schlechte Idee. Nur: das Leben von Kindern verläuft (hoffentlich) anders und nicht nach engen Planungsrastern. Da wollen diese »Reformpädagogen« einerseits ein Höchstmaß an Freiheit (sprich Willkür) und zwingen die Kinder andererseits in ein strenges und enges Korsett zeitlicher Wochenplanarbeit. Ein Grundschulkind denkt von »jetzt auf gleich« – und plant nicht eine Woche im Voraus. In die Schule gehen und sich dort dem Zeitdiktat unterwerfen zu müssen ist wichtig. Am Nachmittag noch Zeit für die Hausaufgaben einplanen - dann sollte die Verplanung aber ein Ende haben. Kinder sollen auch noch Kinder sein dürfen - was bedeutet, dass sie zeitlich noch ohne sehr strenge Reglementierungen leben können. Die Lern- und Freizeit außerhalb der Schule sollte möglichst frei von zeitlichem Druck sein. Die armen Kinder, deren Eltern diese noch in Klavier-, Ballett-, Sport- und Nachhilfeunterricht schicken. Manche Kinder haben gelegentlich Terminkalender, die fast so voll sind wie bei einem Manager. Das kann und soll nicht die Vorstellung von Kindheit sein.

Darf es etwas Motivation mehr sein?

Sprenger schrieb in seinem Band »Mythos Motivation« (1995): »Als wir den Sinn unserer Arbeit nicht mehr sahen, begannen wir über Motivation zu reden.« Motivation ist ein Dauerbrenner in der Lehreraus- und -weiterbildung. Ständig hört man im Studium, im Vorbereitungsdienst und in den Fortbildungen die Aussage, dass der Lehrer die Schüler motivieren müsse. Schüler müssen aber nicht motiviert werden müssen, Schüler müssen motiviert sein. Wenn die lieben, aufgeweckten, hochintelligenten und wissbegierigen Kleinen sich mit der Anspruchshaltung hinsetzen, dass der Lehrer sie motivieren müsse, ist der Unterricht bereits fast schon sinnlos.
Motivation ist der Antrieb, aus dem heraus ein Mensch etwas tut oder lässt. Was aber letztlich einen Menschen antreibt, etwas Bestimmtes zu tun oder zu wollen, ist nach wie vor nicht klar bestimmbar.

Anmerkung: In der Pädagogik wird unterschieden zwischen extrinsischer und intrinsischer Motivation. Intrinsisch sei jede Motivation, die von innen, also aus dem eigenen Antrieb heraus komme. Eine Motivation, die von außen angestoßen worden sei, nennt man in der der Pädagogik und Psychologie extrinsisch. Diese Unterscheidung ist letztlich so nicht haltbar, denn ein Mensch tut nichts, was nicht aus ihm selbst heraus gewollt wird. (Lassen wir die Einwirkung von physischer Gewalt einmal außer acht.)
Letztlich kommt immer alles aus dem Menschen selbst heraus, entspringt seinen höchst eigenen Antrieben. Wenn man ein bestimmtes Ziel erreichen möchte, so muss man sich vielleicht auch mit Dingen befassen, die einen nicht oder nur wenig interessieren. Wer zum momentanen Zeitpunkt z. B. Medizin studieren möchte, der braucht einen exzellenten Notendurchschnitt im Abitur. Da der Schüler das weiß, wird er sich auch mit Geschichte oder Geografie intensiv auseinandersetzen, obwohl ihn diese Fächer wenig interessieren. Er braucht aber auch in diesen Fächern eine gute Note, um sich seinen Wunsch erfüllen zu können. Also ist er letztlich immer intrinsisch motiviert. Wie immer ist auch diese Begrifflichkeit eine Frage der Definition. Man kann definieren: Wer Mathematik lernt, weil ihm eben Mathematik Spaß macht, der sei intrinsisch motiviert. Alle anderen Arten von Motivation, also beispielsweise Noten oder Belohnungen, seien demgegenüber extrinsisch. Ein Streit um Kaisers Bart.
Wenn sich ein Schüler für eine Sache wirklich interessiert, kann auch ein schlechter Lehrer diesen Schüler meist nicht von seinem Interesse abbringen. Umgekehrt kann kein Lehrer einen Schüler, der absolut kein Interesse hat und sich völlig verweigert, zum Lernen anregen. Die Forderung an den Lehrer kann immer nur lauten, wie kann er den Inhalt so aufbereiten, dass dieser für den Schüler (der will) interessant sein könnte. Lehrer sollten erst gar nicht versuchen, ein großes Motiva-

tionsszenarium zu inszenieren, sie sollten sagen, worum es geht und mit einem interessanten Unterricht die Neugier für einen Inhalt zu wecken versuchen (vgl. Grell). Das bedeutet ja nicht, dass der Unterrichtende nicht am Vorwissen der Schüler anknüpfen muss, dass er interessante Fragestellungen aufwirft oder durch Experimente Interesse zu wecken versucht. Das sind jedoch wichtige und selbstverständliche Unterrichtseinstiege – aber eben keine »motivationalen Showelemente« (auch wenn man die bei Lehrproben erwarten kann).
Ein wesentlicher Faktor für den Lernwillen der Schüler ist der Schwierigkeitsgrad der Anforderung. Ist etwas zu leicht, so ist es völlig uninteressant, sich damit zu beschäftigen und: Wenn man alles ohne Anstrengung serviert bekommt, zählt die erbrachte »Leistung« nichts mehr und man kann sich auch nicht mehr daran erfreuen. Das sollten sich Eltern und Lehrer immer vor Augen halten, wenn sie von ihren Kindern beziehungsweise ihren Schülern nichts mehr fordern, was deren Anstrengung und Mühe notwendig macht. Lehrer und Eltern müssen, wenn sie die Kinder fördern wollen, klare und erreichbare Leistungsforderungen an sie stellen. Auf diese Weise kann man Interesse an einer Aufgabe vielleicht zur Motivation werden lassen.
Im außerschulischen Bereich funktioniert die Motivation meist ohne Probleme. Jugendliche, die reiten, tanzen oder klettern lernen wollen, nehmen fast jede Anstrengung in Kauf, um ihr Ziel zu erreichen. Je schwieriger der angestrebte Endzustand zu erreichen war, desto stolzer ist man auf seine erbrachte Leistung. Das zeigt, dass »motiviert lernen« nicht gleichbedeutend ist mit »leicht lernen«.
Auch erzwungenes Können kann mit Lust belohnt werden. Wie viele Klavierspieler oder Sportler mussten wohl gelegentlich zum Üben gezwungen werden und hatten letztlich doch Freude an der erbrachten Leistung und waren hoch motiviert, weiterzumachen.

Schon diese knappe, sich auf wenige Punkte beschränkende Aufzählung von Variablen, die jede Art Unterricht beeinflussen, zeigt, dass Lehren und Lernen von so vielen Faktoren abhängig ist, dass nichts und niemand einen Lernerfolg garantieren kann.

Alles längst bekannt, aber - wie störrische Esel - bleiben die »Irrlichtpädagogen« beharrlich auf ihrem Holzweg. Sie lassen lieber das gesamte Bildungssystem zu Bruch gehen, als einzusehen, dass der bisherige Weg des vermeintlich leichten Lernens den Kindern, den Lehrern, den Eltern und dem gesamten System insgesamt mehr geschadet als genützt hat.

Eine alte Indianerweisheit besagt: »Wenn du merkst, dass du ein totes Pferd reitest, steig ab.«

Aber unsere modernen Pädagogen bleiben auf dem toten Pferd sitzen und prügeln weiter auf dieses ein und behaupten, dass es schon wieder zum Laufen zu bringen sei.

Thesen zum Lehrer

1. Viele Lehrer haben ihren Beruf aus sachfremden Erwägungen heraus gewählt.
2. Es gibt eine Zwei-Klassengesellschaft bei Lehrern. Es gibt Gymnasiallehrer und Lehrer des niederen Schulwesens (Grund-, Haupt- und Realschullehrer)
3. Junglehrer haben es oft schwer. Schulleitungen, Kollegen und Eltern können ihnen den Einstieg ins Berufsleben vergällen.
4. Lehrer und Eltern stehen sich oft feindselig gegenüber.
5. Eltern versuchen, das eigene Erziehungsversagen auf die Lehrer abzuwälzen.
6. Etwa ein Drittel aller Lehrer ist ungeeignet für diesen Beruf.
7. Der Lehrerberuf ist wegen der dauernden personenbezogenen Auseinandersetzungen im Klassenzimmer schon fast gefährlich für deren Gesundheit.
8. Es gibt ihn, den guten und engagierten Lehrer.
9. Es sind nur wenige Merkmale, die den guten Lehrer ausmachen.
10. Manche Pädagogen verhindern schon fast geordneten Unterricht, weil sie Disziplin im Klassenzimmer für etwas ganz Schlimmes halten. Das eigentliche Disziplinproblem sind solche Pädagogen.
11. Disziplin ist der erste Weg zur Selbstdisziplin und damit zur persönlichen Freiheit.
12. Ein Grundproblem vieler Schüler ist die mangelnde Verhaltenssteuerung – die sie von zu Hause nicht gelernt haben.
13. Es ist an der Zeit, dass die Lehrer die Elite der Nation werden und nicht deren Fußabtreter.

14. Es ist wahr, dass viele Lehrer (vor allem männliche Kollegen) keinen modischen Geschmack haben (sich völlig geschmacklos kleiden) und damit die im Bildungsplan verankerte ästhetische Erziehung der Schüler ad absurdum führen.
15. Viele Lehrer besitzen unangenehme Persönlichkeitsmerkmale (déformation professionelle), die sie oft zu unbeliebten Außenseitern in der Gesellschaft machen.

> In Dir muss brennen,
> was Du in anderen entzünden willst.
> Augustinus

Lehrer – Lehrer werden ist nicht schwer
Weshalb wird ein Lehrer Lehrer?

Mit welcher Motivation wird man Lehrer? Ist es Überzeugung oder geschieht es aus der Not heraus? Aus der Not heraus, weil vielleicht z. B. das schlechte Abitur und damit der Numerus clausus ein gewünschtes anderes Studium verhindert hat. Vielleicht wollten die Eltern, dass die Tochter oder der Sohn Lehrer wird. Vielleicht hat man ein Diplomstudium an der Universität nicht geschafft und ist dann schnell noch aufs Lehramt umgestiegen, weil das ja in der Regel wesentlich weniger anspruchsvoll ist. Womöglich hat man dann noch mit Frust an eine Pädagogische Hochschule (Baden-

Württemberg), gewechselt, weil hier ein Studium schneller und einfacher ist. Es gibt unendlich viele Gründe, weshalb man sich für den Lehrerberuf entscheidet. Es kann natürlich aus Überzeugung geschehen, weil Unterrichten einfach Spaß macht oder weil man einen Draht zu Kindern und Jugendlichen hat. Viele Lehrer haben vor dem Studium in der Jugendarbeit, in Sportvereinen oder in den Kirchen gewirkt. Dann kommen da noch sachfremde Erwägungen dazu wie z. B., dass Frauen in kaum einem anderen Beruf, Arbeit und Familie so gut kombinieren können. Aus diesem Grund ist der Frauenanteil im Lehrerberuf recht hoch.

»Der Frauenanteil bei den Lehrkräften bewegt sich in den meisten Schularten im Schuljahr 2008/09 zwischen 55% (an Gymnasien) und 86% (an Grundschulen). In Förderschulen sind drei Viertel aller Lehrkräfte Frauen.

Allerdings sind Frauen in fast allen allgemeinbildenden Schularten (außer in den Förderschulen) in deutlich höherem Maße teilzeit- oder stundenweise beschäftigt als Männer.« (Bildungsbericht 2010, S. 76)

Andere wiederum wollten in jungen Jahren alles andere als Lehrer werden, aber irgendeine Weiche hat diese Menschen dann irgendwann auf das Gleis geschoben, auf dem man Lehrer wird. Das sind oft nicht die schlechtesten Voraussetzungen, um ein guter Lehrer zu werden, wenn, ja wenn diese Menschen ihr, »Los« akzeptieren und sich professionell mit dem Lehrerberuf arrangieren. Solche Menschen akzeptieren die Realitäten und gehen mit Schülern meist sehr professionell distanziert und doch empathisch um.

Dann gibt es noch die, die vom »pädagogischen Eros« übermannt, junge Menschen auf den rechten Weg – was immer das sein soll – bringen wollen. Sie wollen Kinder umfassend in ihre pädagogische Obhut nehmen. Anscheinend haben manche den Begriff des »pädagogischen Eros« sehr falsch verstanden und haben die »umfassende Betreuung« schamlos ausgenutzt.

Diese peinlichen Exemplare der Pädagogen und Lehrer sind hier aber nicht Gegenstand dieser Polemik.

»Überzeugungstäter«, also solche, die immer schon Lehrer werden wollten, scheitern häufig in diesem Beruf, weil sie illusionsbeladen in die Schule einfallen und dann völlig frustriert feststellen müssen, dass ihre ach so hehren Ideen den Realitäten nicht gewachsen sind. Dieser Praxisschock hat viele, zunächst hoch motivierte Lehrer zu Fall gebracht und mit den Jahren in »outgeburnte« Wracks verwandelt. Ganz gleichgültig, aus welchem Antrieb heraus man Lehrer geworden ist, die Schüler haben ein Recht darauf, Lehrer zu haben, die ihr Fach beherrschen, die sich mit der Situation Schule arrangieren können und die sich bemühen, guten Unterricht zu halten. Zugleich aber hat auch der Lehrer Anspruch darauf, respektvoll behandelt zu werden und weitgehend ungestört unterrichten zu können. Dass er es dabei gelegentlich mit unfähigen unwilligen, aufsässigen und nervenden, mit Ritalin ruhig gestellten Problemkindern zu tun hat, ist Berufsrisiko und gehört zum Job. Man begegnet solchen Exemplaren in allen Schularten.

Härtetest in der Praxis

Nun muss der Student also nach etwa vier Jahren Studium (zumindest im Realschulbereich) sein erstes Staatsexamen ablegen und kommt anschließend in den Vorbereitungsdienst. (Der Vorbereitungsdienst selbst ist ein eigenes, teilweise trauriges Thema, dem ein eigenes Kapitel gewidmet wurde.)

Nach bestandenem zweitem Staatsexamen hat der Junglehrer nun eine Stelle erhalten – hoffentlich.
Welcher Schule er zugewiesen wird, hängt von so vielen Faktoren ab, dass man sie kaum aufzählen kann. Irgendwelche Menschen in irgendeinem Regierungspräsidium weisen den Schulen Lehrer zu. Wenn die Schulen (und die Lehrer) Glück haben, stimmen sogar die Fächer, die an der Schule gebraucht werden, mit denen überein, die der Lehrer studiert hat. Wenn nicht, so werden die jungen Kollegen eben gleich mal fachfremd eingesetzt, das stärkt ja schließlich deren Flexibilität. Der Unfug in der Studienordnung – nebenbei bemerkt -, dass jeder Lehrer (im niederen Schulwesen) ein Kernfach, also Mathematik, Deutsch oder Englisch studieren muss, hat dazu geführt, dass man an den Schulen mit Lehrern, die diese Fächer unterrichten können, nicht mehr weiß wohin. Dafür sind andere Fächer, wie z. B. Physik chronisch unterbesetzt. Es ist eine erfreuliche Entwicklung zu den so genannten schulscharfen Ausschreibungen festzustellen. Das bedeutet, dass manche Schulen (noch immer leider nicht alle), einen Teil der Stellen, nach Genehmigung durch das Regierungspräsidium, selbst ausschreiben und besetzen dürfen. Das Regierungspräsidium behält sich allerdings noch immer vor, weit über die Hälfte aller zur Verfügung stehenden Stellen noch selbst zu besetzen. Damit sind z. B. Versetzungen von vielleicht problematischen Kollegen möglich. Solche schwierige Kollegen werden vom Regierungspräsidium meist nach ein bis zwei Jahren an die nächste Schule versetzt, weil sie nach dieser Zeit weder für Schüler noch für Kollegen weiter zu ertragen sind.
So entstehen dann leider die berüchtigten »Wanderpokale«, die im Laufe der Jahre durch ständige Versetzungen fast alle Schulen eines Regierungspräsidiums kennenlernen dürfen.

Ist der nach dem Vorbereitungsdienst im Juli vor den Sommerferien (Baden-Württemberg) aus dem Staatsdienst entlassene

Anwärter mit seiner Bewerbung an einer Schule erfolgreich, oder hat das Regierungspräsidium ihm eine Stelle zugewiesen, so im September kann das Berufsleben als Lehrer beginnen. Verantwortungsbewusste Schulleiter geben dem Junglehrer, der ja noch keine Erfahrung hat, für den Berufseinstieg solche Klassen, die nicht allzu schwierig sind, damit der junge Kollege sich in seine neue Rolle gut und dosiert einfühlen und hineinfinden kann. Manche Schulleiter geben dem jungen Kollegen aber gerade solche Klassen, die kein anderer Lehrer mehr will, da sie schwierig zu unterrichten sind, weil beispielsweise zu viele Störenfriede in einer solchen Klasse vereinigt sind. So wird manchem Junglehrer der Einstieg in den Berufsalltag so richtig vergällt. Dieser Härtetest soll gleich einmal zeigen, was der Neue kann. Die Schonzeit des Vorbereitungsdienstes ist jetzt schließlich vorbei. Selbstverständlich werden alle Schulleiter unisono dementieren und behaupten, alle diese möglichen Härten seien nicht anders zu regeln gewesen.

Trotz mancher Widrigkeiten beim Berufseinstieg stürzen sich die jungen Kollegen voller Engagement und Eifer in die Arbeit. Ganz schnell merken sie dann, dass der Schulalltag mit vielen einerseits ganz banalen und andererseits auch existenziellen Problemen behaftet ist. Erst einmal muss er feststellen, dass das Fachwissen, das er sich im Studium mehr oder weniger gut angeeignet hat, bei Weitem nicht ausreicht, um Schüler zu unterrichten. Für den Biologieunterricht in einer fünften oder sechsten Klasse hat er z. B. nicht gelernt, wie alt ein Regenwurm werden kann, wie ein Hühnerei genau aufgebaut ist, oder ähnlich interessante Fragen, die Schülern einfallen können. Das heißt, dass er jetzt erst einmal sein mangelndes Fachwissen gründlich aufpolieren muss. Das spricht übrigens in keiner Weise gegen ein intensives fachwissenschaftliches Studium, ganz im Gegenteil. Auf der Grundlage eines sicheren Basiswissens kann man sich banale und schwierige Inhalte sehr viel schneller und leichter aneignen, als wenn man dies als Unwissender tun muss. Das für den Unterricht notwendige Detailwissen muss er sich »on the job« aneignen. Das ist in anderen Berufen auch nicht anders.

Als Klassenlehrer lernt er, dass viel organisatorischer »Kram« zu erledigen ist. Viele Lehrer haben ihr Leben lang Probleme, diese Seite ihres Berufes zu akzeptieren.

Existenziell bedrohlich kann diese Anfangsphase dann werden, wenn der Junglehrer feststellt, dass er die falsche Berufswahl getroffen hat und sich nun entweder irgendwie arrangieren oder konsequent aus dem Lehrerberuf aussteigen muss.

Lehrer und Eltern – zwei, die sich (meist) nicht mögen

Nach einigen Wochen steht dann der erste Elternabend an. Das ist ein spannender Moment, denn der erst Eindruck ist ja ausschlaggebend. In diesem oder einem der folgenden Elternabende kommen nun die Eltern zum Zuge, die den Lehrern schon immer misstraut haben und die den »faulen Säcken« erklären wollen, wie man mental unterentwickelten - aber eigentlich doch hochbegabten Schülern - Mathematik so beibringen soll, dass sie auch noch gute Noten mit nach Hause bringen können. Das läuft dann nach dem Motto: Sind die Kinder in der Schule gut, so ist das selbstverständlich das Verdienst der Eltern oder der intelligenten Schüler selbst. Sind die Kinder jedoch schlecht, so ist das unweigerlich die

Schuld der unfähigen Lehrer, die die eigentliche Begabung des Schülers nicht richtig erkannt und gefördert haben. Leider trifft man diese Denkweise auch bei vielen der »wissenschaftlichen Pädagogen«.

Zum ersten Elternabend, der bald nach Schuljahresbeginn ansteht, kommen – zumindest am Gymnasium und in der Realschule – noch recht viele Eltern, denn schließlich muss man ja den neuen Klassenlehrer begutachten. Der Junglehrer versucht, freundlich wohlwollend die Eltern auf seine Seite zu ziehen, damit er den Rest des Schuljahres ohne viel Eltern-Ärger überstehen kann. Er gibt brav seine Sprechzeiten und seine private Telefonnummer bekannt, denn schließlich wollen die Eltern ihn ja auch Tag und Nacht erreichen können – was einige auch sehr ausgedehnt nutzen. Telefonate nach 20 Uhr sind da keine Seltenheit. Nun also, der erste Elternabend ist geschafft und es kam zu keinen größeren gegenseitigen Beleidigungen. Bald schon kommen die ersten Anmeldungen für individuelle Elterngespräche über Schüler X oder Schülerin Y.

Bei einem solchen Elterngespräch darf es trotz der Vielzahl an Schülern, die unterrichtet werden, nicht vorkommen, dass man Auskunft über den falschen Schüler gibt und so die Eltern in Angst und Schrecken versetzt. Jedes Elterngespräch muss exakt vorbereitet werden, was einen als Lehrer zwingt, sehr genau über seine Schüler Buch zu führen. Das ist eine Frage der Professionalität, die man von jedem Lehrer erwarten muss. Leider wird diese Erwartung nicht von allen Lehrern erfüllt.

Der leidige Schulalltag

Jetzt, nach diesen ersten Hürden, kann sich der hoffnungsvolle Jungkollege endlich an den Alltag gewöhnen. Er will jetzt ja alles, was er im Studium und im Vorbereitungsdienst gelernt hat, bei seinen Schülern anwenden. Es werden in vielen häuslichen Arbeitsstunden Lernstationen erstellt, Lerntheken konstruiert und Gruppenarbeiten entworfen. Die Enttäuschung, wenn die Schüler nicht in Begeisterungsstürme ausbrechen bei dieser Methodenvielfalt ist dann meist recht groß. Die Schüler sind diesen Firlefanz doch schon längst leid, denn viele Lehrer, vor allem die jungen Kollegen, belästigen die Schüler ständig mit Gruppenarbeit und anderem methodischen Hokuspokus. Die meisten Schüler hätten gerne »ganz normalen Unterricht« und nur gelegentlich mal eine methodische Zugabe.
Kommt der Lehrer nach einer von den Schülern zerstörten Stunde ins Lehrerzimmer und schimpft, dass die Klasse unmöglich sei, findet sich sicherlich ein freundlicher, älterer Kollege, der süffisant lächelt und meint, dass er selbst mit der Klasse keinerlei Probleme habe. Der Junglehrer ist geknickt und zweifelt an seinen Fähigkeiten – manchmal vielleicht auch zurecht. Doch solche »freundliche Kollegen« sollte man eigentlich als »Kollegenschweine« bezeichnen, denn sie bauen den eigenen Selbstwert am Versagen der Kollegen auf. Nicht wenige Anwärter und Junglehrer berichten von solch freundlichen Kollegen.

Drum prüfe, wer sich ewig bindet

Nach den bisherigen Ausführungen zum Lehrerberuf drängt sich schon fast automatisch die Frage auf: Gibt es ihn, den »geborenen Lehrer«? Aber: Gibt es den geborenen Arzt oder Juristen, oder gibt es den geborenen Metzger oder Dachdecker? Man ist wohl für keinen Beruf geboren, man bringt lediglich bestimmte Persönlichkeits- und Charaktermerkmale mit, die einen für diesen oder jenen Beruf besonders geeignet erscheinen lassen. Es ist aber ganz sicher auch nicht so, wie manche Pädagogen behaupten, dass nämlich eigentlich jeder für den Lehrerberuf geeignet sei und dass jeder ein guter Lehrer werden könne, wenn er nur die richtigen »Tricks und Kniffe« beherrsche.
Welche Merkmale sind es nun, die für den Lehrerberuf besonders wichtig sind?
Negative Lehrertypen mit für den Lehrerberuf ungeeigneten Eigenschaften gibt es leider zuhauf. Mit einem allgemeinen Lamento über schlechte Lehrer, wie es in dem »Lehrerhasserbuch« recht einseitig (was verständlich ist) und auch recht unwissend (was nicht so verständlich ist) und ignorant (was eigentlich nicht sein dürfte) vorgetragen wird, wird man der Sache nicht gerecht.
Die Aussage: »Ich bin Mathematiker im Schuldienst« kann zweierlei bedeuten: Erstens kann diese Aussage beinhalten, dass dieser Mensch sich schämt, »nur« Lehrer zu sein, wobei er doch eigentlich ein brillanter Mathematiker ist, der leider sein großes Wissen nur an Schüler vermitteln darf. Es kann zweitens aber auch bedeuten, dass dieser Lehrer gerne Mathematiker und gerne Lehrer ist. Das wäre der Idealfall.
Sehr häufig machen sich junge Menschen vor ihrer Berufswahl wohl nicht klar, welche Belastungen der Lehrerberuf mit sich bringen kann.

Untersuchungen über die berufliche Belastung und wie man als Lehrer damit umgeht zeigen recht interessante Ergebnisse – die man als beobachtender und denkender Mensch eigentlich schon immer wusste.

Uwe Schaarschmidt (Psychologe an der Universität Potsdam) hat mit seinem Team in den Jahren 2000 bis 2006 eine Längsschnittstudie, die sogenannte Potsdamer Lehrerstudie, durchgeführt. Diese umfassende Studie zeigt, dass viele Lehrer nie hätten diesen Beruf ergreifen dürfen. Viele Lehrer sind schlicht ungeeignet, vor einer Klasse zu stehen und zu unterrichten.

Schaarschmidt beschreibt vier Grundtypen von Lehrern, die zwar so in Reinform nie vorkommen, aber doch zeigen, dass bestimmte persönliche Verhaltensweisen für diesen Beruf eher negativ belastend oder eher positiv fördernd sind.

Es gibt einen Typ »G« (von gesund), der ein starkes aber nicht übertriebenes Engagement im Beruf zeigt, der relativ belastbar ist und eine recht hohe Berufszufriedenheit mitbringt.

Der »S«-Typ (von Schonhaltung) ist gekennzeichnet durch geringen beruflichen Ehrgeiz und großer Distanz zum Beruf. Er zeigt aber eine große innere Ruhe und Gelassenheit. Er ist nicht unzufrieden in seinem Beruf.

Der sogenannte »A«-Typ (wird als Risikomuster »A« – von hoher Anstrengung - bezeichnet) überfordert sich ständig selbst, kann sich nicht distanzieren und kann deshalb keine Erholung finden, Folge ist letztlich eine geringe Belastbarkeit.

Der »B«-Typ (Risikomuster »B« – von burnout) zeigt wenig Engagement im Beruf, ist unzufrieden und wirkt meist niedergeschlagen. Er besitzt keine Widerstandsfähigkeit und versinkt in Resignation.

Ideal wären also Lehrer vom Typ»G«.

Schaarschmidt ermittelte, dass ca. 17% dem »G«-Typ zuzurechnen sind (zu wenig); die Typen »A« und »B« machen dabei zusammen etwa 60% aus (je etwa 30%); auf den »S«-Typ entfallen damit ca. 23%.

Da es aber die Typen nicht in Reinform gibt, kann man grob geschätzt (unterstützt durch eigene langjährige Beobachtungen) wohl ein Drittel der als Lehrer arbeitenden Menschen als ungeeignet für diesen Beruf ansehen. Das sind zu viele. Dieses Drittel ist es, das den Lehrerberuf so in Verruf bringt. In die Untersuchung wurden auch Lehramtsstudierende und Lehramtsanwärter (Referendare) einbezogen. Bei diesen beiden Gruppen ist der Anteil des S-Musters mit ca. 30% und das Risikomuster B mit 25% sehr hoch (zu hoch). Hier sind bereits so ungünstige Voraussetzungen vor dem Berufsstart vorhanden, dass die Berufswahl, Lehrer zu werden, mehr als fragwürdig erscheint. Ein Praxissemester, also eine Testphase für die Berufseignung könnte solche Risikotypen unter Umständen vom weiteren Lehramtsstudium abhalten. Das hängt, wie später noch auszuführen sein wird, von der Ausgestaltung des Praxissemesters ab.

Aber (und das sollte man nicht vergessen): Zwei Drittel der Lehrer sind für diesen Beruf geeignet und erfüllen ihre Aufgabe ordentlich bis gut – das sollte bei den vielen Debatten über schlechte Lehrer bedacht werden. Wer mit heutigen Kindern und Jugendlichen umgehen muss, braucht sehr gute Nerven. Wenn Frau »Lehrerhasserin« meint, dass auch andere Berufe ihre Zumutungen haben, so hat sie wohl recht. Aber bei dem von ihr unter anderem genannten Dachdecker lauern nicht 30 Kinder auf dem Dach und wollen ihn auf nicht sehr freundliche Art und Weise daran hindern, seine Arbeit zu tun. Da lauern auch keine »Dachdeckerhasser« in Form von uneinsichtigen Eltern, die diesem vorschreiben wollen, wie er seine Arbeit zu tun hat. Die Belastung im Lehrerberuf kommt von der dauernden und unausweichlichen, personenbezogenen Auseinandersetzung im Klassenzimmer. Andere Berufsgruppen, die mit Menschen zu tun haben, wie z. B. Psychologen, müssen sich normalerweise mit nur einem Individuum oder höchstens mit einer sehr kleinen

Gruppe auseinandersetzen. Sie werden von ihren Patienten oder Klienten meist respektiert und haben auch berufliche und private Rückzugsmöglichkeiten. In kaum einem andern Beruf wird man als Mensch so umfassend gefordert wie im Lehrerberuf. Aber nur kein Mitleid – Lehrer haben sich diesen Beruf selbst ausgewählt – wenn vielleicht auch mit völlig falschen Vorstellungen und Voraussetzungen.

Bei manchen beratenden Unterrichtsbesuchen während des Vorbereitungsdienstes fragt man sich allerdings, gelegentlich fast schon verzweifelt, wie hat dieser Mensch nur den Lehrerberuf anstreben können? Manche sehen nach einem intensiven Gespräch ein, dass es besser wäre, einen anderen Studiengang anzuschließen oder doch in der freien Wirtschaft nach einer Anstellung zu suchen. Einige tun dies dann auch. Anderen dagegen fehlt jegliche Einsicht (was ja schon fast wieder lehrertypisch ist) und sehen sich in der Schule am richtigen Platz. Die vorherrschenden Schwierigkeiten seien, so meinen sie, einfach nur Anfangsprobleme, die man mit der Zeit in den Griff bekäme. Wieder andere denken rein pragmatisch an die viele Zeit, die sie bisher schon investiert haben, und die ja nicht vergebens gewesen sein soll. Solche »Unrealisten« schaffen dann vielleicht sogar noch das zweite Staatsexamen und werden daraufhin unter Umständen auch noch in den Dienst übernommen. In der Folge dieser Fehlentscheidung werden diese Uneinsichtigen in kurzer Zeit zu genau den desillusionierten und frustrierten Überzeugungstätern, die den Schülern und den Kollegen manchmal das Leben in der Schule schwer, sehr schwer machen können.

Der gute Lehrer – das unbekannte Wesen

Da es »den gebornen Lehrer« wohl nicht gibt, muss man sich fragen, was nun eigentlich ein guter Lehrer ist. Ist ein guter Lehrer einer, bei dem alle gute Noten bekommen? Ist es einer, der es allen, Kindern, Eltern, Kollegen, Schulleitung und Schulaufsicht, recht machen will (unmöglich). Ist es einer, der allseits bei den Schülern beliebt ist? (Der allseits Beliebte muss nicht immer der »Gute« sein.) Ist es einer, bei dem die Schüler viel lernen? Es gibt keine einheitliche Beschreibung, jeder versteht unter einem guten Lehrer etwas anderes, je nach eigenen Erfahrungen, dem persönlichen Menschenbild und der Vorstellung, die jemand von der Aufgabe der Schule hat.
Was macht den guten Lehrer aus? Da gibt es ganze Kataloge von positiven Eigenschaften, die er besitzen sollte, um als solcher bezeichnet werden zu können.
Noch 1981 wurde dieser Katalog veröffentlicht (Maier (in: Gudjons: Lehrer ohne Maske, 1981, S. 62f.).

- Einfühlungsvermögen
- Analytisches Vermögen
- Ideenflüssigkeit
- Fantasie
- Redegewandtheit und Sicherheit im Ausdruck
- Vermögen, Selbstsicherheit zu vermitteln
- Humor
- Risikobereitschaft
- Toleranz gegenüber Unruhe und Abschweifungen
- Spannkraft
- Vermögen, sachliche Überlegenheit zu vermitteln
- Affektkontrolle
- Freundlichkeit und Verständnisbereitschaft vermitteln

Ein Wundermensch, der all diese Eigenschaften in seiner Person vereinigen würde. Es ist selbstverständlich, dass einem idealtypischen Lehrer alle diese Eigenschaften begrüßenswert wären. Solche Eigenschaften, oder ein Teil davon, wären aber auch bei Ärzten, Rechtsanwälten, Polizisten und Vorgesetzten in Industriebetrieben wünschenswert. Aber in den Köpfen weiter Kreise der Elternschaft sind solch unrealistischen Vorstellungen über den idealen Lehrer für ihre Kinder vorhanden. Auch im Studium werden entsprechende Merkmalskataloge immer noch verbreitet und dabei selten kritisch hinterfragt. Es wird wenig daran gedacht, dass die meisten Lehrer, wie die Mitglieder anderer Berufsgruppen auch, relativ normale Menschen sind, die Stärken und Schwächen haben. Mit diesen Stärken und Schwächen muss man leben und arbeiten.
Es gibt, wenn man es richtig bedenkt, nur ganz wenige Merkmale, die einen guten Lehrer auszeichnen.
- Fachliches Wissen
- Klare Strukturen im Unterricht
- Flexibilität
- Konsequenz in der Erziehung
- Belastbarkeit
- Menschlichkeit

Natürlich kann man diesen Katalog nahezu unendlich fortsetzen, aber das wäre kontraproduktiv, da kein Mensch all diese – vorher genannten – Eigenschaften in sich vereinigen kann.
Auf die Notwendigkeit von fachlichem Wissen wurde schon zur Genüge hingewiesen. Ein Lehrer muss wieder den Mut haben, auf der Basis seines Fachwissens zu lehren und zu unterrichten. Es ist eine Binsenweisheit, dass nicht automatisch ein guter Fachmann auch schon per se ein guter Lehrer ist. Aber ohne Fachwissen ist er es ganz sicher nicht.
Ein Lehrer muss über eine klare Planungs- und Vermittlungsstruktur verfügen. Chaoten sind für diesen Beruf ungeeignet. Kreatives Chaos (wie manche das gerne verharmlosend

benennen) bringt für den Unterricht in der Schule eben nur chaotische Ergebnisse. Nichts ist schlimmer im Unterricht, als wenn der Lehrer keine klaren Ziele vor Augen hat und deshalb die Schüler am Ende der Stunde nicht wirklich wissen, worum es eigentlich gegangen ist. »Wer nicht weiß, wohin er will, muss sich nicht wundern, wenn er ganz woanders rauskommt«, formulierte Mager 1978. (R.F. Mager: Lernziele und Unterricht, Weinheim 1978)

Offenheit und Flexibilität sollten für den Lehrer selbstverständlich sein. Er arbeitet mit Menschen und diese Arbeit ist nie vollständig planbar. Wenn Schüler während einer Stunde plötzlich auf eine Frage stoßen, die am Rande liegt oder gar in ein anderes Fach hineinreicht, so muss der Lehrer imstande sein, seinen Plan zu verändern und auf das Interesse seiner Schüler eingehen können. Dazu braucht es sicheres Fachwissen beim Lehrer. Nur wenn es beim Lernen auch einmal unvorhergesehene Wendungen gibt, wird es für die Schüler zu einem interessanten Ereignis.

Konsequenz in der Erziehung ist ein wesentlicher Faktor, der den guten Lehrer ausmacht. Hier sündigen Lehrer mindestens so oft wie die Eltern zu Hause. Unmissverständliche Regeln geben und darauf bestehen, dass diese auch eingehalten werden. Bei Nichtbeachtung der Regeln werden klare und dem Schüler bekannte Sanktionen verhängt. Schüler wollen keine inkonsequenten »Kuschelpädagogen«, sie wollen faire und gerechte Lehrer, die etwas fordern – auch auf der Ebene des Verhaltens.

Menschlichkeit ist ein sehr vager Begriff, der kaum definitorisch zu erfassen ist. Ganze Philosophengenerationen haben sich darüber Gedanke gemacht und sind zu keiner einheitlichen Festlegung gekommen.

Menschlichkeit umfasst alles, was das Miteinander einigermaßen angenehm und sicher macht. Dazu gehören u.a. ein konstruktives Sozialverhalten und Empathie. Diese Eigenschaften sollte ein Lehrer in jedem Fall aufweisen. Unterricht basiert immer auf einem Beziehungsgefüge zwischen Lehrern und Schülern. Ein solch komplexes Beziehungsgefüge zu gestalten, ist die hohe Kunst des Lehrers. Beziehungen gehen aber immer von oft unberechenbaren Menschen aus und lassen sich nicht mechanistisch gestalten. Ein Lehrer muss menschlich sein – und Menschlichkeit kann man nicht lernen.

Lehrer und Disziplin – eine Tragikkomik

Eine notwendige - inzwischen leider fast schon zentrale - pädagogischen Aufgabe des Lehrers ist die Herstellung von Disziplin im Klassenzimmer. Da kann man vorab nur sagen: »Wehret den Anfängen.« In der Schule haben alle Schüler ein Recht darauf, ungestört unterrichtet zu werden sodass sie, wenn sie wollen, etwas lernen können. Der Lehrer hat das Recht, möglichst ungestört und unbehelligt seiner Arbeit, nämlich Unterricht zu gestalten, nachgehen zu können. Dafür muss jeder Lehrer zunächst einmal selbst sorgen, mit allen ihm zur Verfügung stehenden Mitteln – und das sind leider nicht sehr viele. Zum anderen muss die Institution, vertreten durch den Schulleiter, die Schulaufsicht und das Ministerium, mit geeigneten Mitteln ebenfalls dafür sorgen, dass unterrichtet werden kann.
»Störungen haben Vorrang« hat Ruth Cohn in den 70er Jahren u.a. postuliert (Cohn, Ruth: Von der Psychoanalyse zur themenzentrierten Interaktion; Stuttgart 1975). Dieser Ansatz der »Themenzentrierten Interaktion«, der eigentlich ein therapeutischer Ansatz ist, wurde von Pädagogen auf die Schule

übertragen. Ob diese Methode für die Schule tauglich ist, wurde kaum je hinterfragt. Eine Schulklasse ist keine Therapiegruppe und der Lehrer kein Therapeut. Versucht er trotzdem zu therapieren, so richtet er meist mehr Schaden an, als dass er hilft. Irgendwelche Kurz – Weiterbildungen helfen da wenig bis gar nichts. Aber manche naive, eifrige und gutgläubige Lehrer haben versucht, solche Therapiekonzepte auf ihre Klasse zu übertragen. Man kann schon froh sein, wenn sie mit ihren therapeutischen Aktionen keinen größeren Schaden angerichtet haben.
»Schuster bleib bei deinem Leisten«: Lehrer tu das, was du eigentlich kannst (können solltest), nämlich unterrichten und überlasse psychologische Interventionen denen, die das können, den Psychologen. Der Ansatz von Ruth Cohn ist im pädagogischen Umfeld wichtig und richtig – aber eben nicht im Unterricht. TZI sollte von gut ausgebildeten Personen in Beratungssituationen, bei therapeutischen Gesprächen oder bei Konfliktbewältigungen (auch in der Schule) angewandt werden – und nicht von teilfortgebildeten Lehrern.
Nein, nicht die »Gestörten« haben Vorrang, sondern ein ungestörter Unterricht, von dem alle profitieren können, hat erste Priorität.
Eine psychologisch notwendige Betreuung, die so selten nicht ist, muss in anderen Zusammenhängen außerhalb des Unterrichts, vielleicht sogar außerhalb der Schule geschehen. Eine Störung im Unterricht, gleich welcher Art, muss sofort beseitigt werden, ohne langwierige Ursachenforschung. Die Ursachen von Unterrichtsstörungen oder gar Konflikten liegen in der Regel außerhalb der Schule. Damit soll nun aber nicht gesagt werden, dass nicht auch manche Lehrer Ursache für Störungen und Konflikte sein können. Häufig kann man aber gerade beim Thema Unterrichtsstörungen feststellen, dass die Ursachen anonymisiert werden. Es sind eben die Verhältnisse, weniger seine Persönlichkeitsstruktur, die den Schüler zum Störer machen (vgl. Miller, Beziehungsdidaktik).

Was nun aber genau Verstöße gegen die Disziplin im Klassenzimmer sind, ist von Fall zu Fall verschieden und unterschiedlich einzuordnen. Das geht von der Verweigerung der Mitarbeit bis zur aktiven Störung durch Schwätzen, Rumrennen, Lärm machen, Handys zum Senden und Empfangen von sms verwenden, freche Antworten geben usw. usw. – die Liste ließe sich endlos fortsetzen. All dies verhindert oder behindert zumindest einen sinnvollen Unterricht. Unterrichtsstörungen sind also alle Vorkommnisse, die einen kontinuierlichen Unterricht in irgendeiner Weise be- oder verhindern.

Unterrichtsstörungen sind normal und gehören zum Schulalltag. Gelegentliche Störungen sind nicht weiter tragisch und auch ohne Probleme zu beseitigen. Schüler waren noch nie Engel, die ständig still und brav an ihrem Platz saßen und dem Unterricht interessiert und neugierig folgten. Ein Lehrer muss lernen, mit solchen alltäglichen Störungen souverän umzugehen. Ein Lehrer, der das nicht aushält, ist am falschen Platz und sollte sich einen anderen Beruf suchen.

Wenn aber Störungen derart überhandnehmen, dass eigentlich schon gar kein Unterricht mehr möglich ist, wie das in manchen Schulen der Fall ist, dann machen Schule und Unterricht keinen Sinn mehr.

Die Aufgabe des Lehrers, ja der gesamten Schule, ist es, auf Disziplin zu achten und diese auch durchzusetzen. Leider ist diese schlichte Erkenntnis bei vielen Pädagogen noch immer nicht angekommen. Noch immer verhindern solche »Unpädagogen« eine gedeihliche Unterrichtsarbeit, indem sie den Störenfrieden zu viel Raum gewähren.

Das kann man teilweise mit der Justiz vergleichen, die sich nicht selten ebenfalls mehr um die Täter als um die Opfer kümmert – mit absolut negativen Ergebnissen. Nicht die Täter müssen umsorgt werden, sondern die Opfer.

Die Auseinandersetzung um die richtige Disziplin im Klassenzimmer ist wohl so alt wie die Schule selbst. Das fängt schon mit der Wortbedeutung an. Der Begriff »Disziplin« wird in verschiedenen Zusammenhängen auch sehr verschieden definiert und erklärt. Für uns ist nur die pädagogische Bedeutung von belang. Disziplin ist die Fähigkeit, sich angemessen in einem bestimmten Umfeld (hier im Klassenzimmer) zu verhalten, eigene Bedürfnisse momentan zurückstellen zu können, andere Menschen nicht durch sein Verhalten zu beeinträchtigen und sich unter vorgegebene Regeln unterordnen zu können. Diese wenigen Bestimmungen von Disziplin sind unerlässlich für einen sinnvollen Unterricht. Das betrifft den Lehrer ebenso wie den Schüler. Ein Lehrer muss in Bezug auf seine Unterrichtsvorbereitung, seine Unterrichtsgestaltung und seine nachunterrichtliche Reflexion diszipliniert sein. Dazu gehört auch sein Verhalten vor der Klasse oder dem einzelnen Schüler gegenüber. Auch der Lehrer hat sich an Regeln zu halten und sein Agieren sollte nie willkürlich sein.

Auf der Schülerseite ist die Verhaltenssteuerung von elementarer Bedeutung. Schüler müssen in der Lage sein, ihre momentanen Bedürfnisse (die sicherlich meist außerhalb der Schule liegen) zurückzustellen. Ihr Bewegungsdrang und das dauernde Bedürfnis, sich ungefragt mitzuteilen, müssen kontrolliert werden. Das Einhalten einfacher, normalerweise selbstverständlicher Regeln, die anscheinend für manche Menschen so schwer zu befolgen sind, könnte den Schulalltag für Lehrer und Schüler relativ konfliktfrei und angenehm gestalten. Aber moderne »Reform-Pädagogen« werden bei dem Begriff »Disziplin« immer zusammenzucken und jedes Ansinnen von Disziplin vehement zurückweisen. Vielleicht verstehen sie ja den Begriff völlig anders als (normale) Lehrer und andere Mitmenschen.

Da fragen sich manche Pädagogen verwundert, weshalb Buebs »Disziplin« auf eine so große positive Resonanz stößt? Ja weshalb wohl? Es scheint wohl ein starkes Bedürfnis nach

mehr Ordnung in der Schule und der Gesellschaft insgesamt zu bestehen. Aber die Gegner von »Disziplin« verbreiten ein Gedankengut, das schon recht fragwürdig ist. Nach deren Meinung scheinen alle Menschen, die Buebs Ideen für grundlegend richtig halten, entweder dumm, ignorant oder rechtsradikal – oder alles zusammen - zu sein. Bei diesen Kritikern sind wieder einmal die großen »Zerreder« am Werk.
Neben der Disziplin im Klassenzimmer sind heute Regeln (die haben etwas mit Disziplin zu tun) ein großes Thema in der Pädagogik. Selbst Pädagogen sind heute – plötzlich - für Regeln im Klassenzimmer. Aber diese Regeln sollten – so die fortschrittlichen Pädagogen - im freien Spiel der Kräfte von Lehrern und Schülern gemeinsam ausgehandelt werden. Nur so könnten diese von den Schülern eingesehen und damit auch eingehalten werden. Sollte man im Unterricht aber nicht viel eher lernen, als stundenlang Regeln auszuhandeln. Regeln werden zunächst einmal vom System, repräsentiert durch die Schulleitung und die Lehrer, vorgegeben. Die Regeln werden transparent gemacht und erklärt – es wird aber nicht über Selbstverständlichkeiten diskutiert. Über Gewaltlosigkeit und Rücksicht kann und darf nicht verhandelt werden. Die Regeln sind – und davon muss man ausgehen – von verantwortungsbewussten Menschen erstellt worden, die lediglich das Wohl der schulischen Gemeinschaft im Auge haben. Selbstverständlich sind Regeln immer wieder auf den Prüfstand zu stellen. Manche Regeln haben sich vielleicht im Laufe der Jahre überholt oder sind nicht mehr zu rechtfertigen.
Wer aus der Bevölkerung hat schon je einmal an einem Gesetzgebungsverfahren mitgewirkt. In unserer repräsentativen Demokratie werden Gesetze durch verschiedene Gremien ausgearbeitet und vom Bundestag verabschiedet. Manche dieser Gesetze gefallen vielen Bürgern sicherlich gar nicht – sie müssen diese aber dennoch einhalten. Auch Schüler müssen gegebene Regeln befolgen, auch wenn ihnen das nicht immer gefällt.

Doch die Diskussion soll sich nicht nur um den Bereich der Aufrechterhaltung der Ordnung drehen. Disziplin meint auch im pädagogischen Bereich sehr viel mehr als nur die Einhaltung von Regeln.

Kant formuliert in seiner »Vorlesung zur Pädagogik«: »Eines der größten Probleme der Erziehung ist, wie man die Unterwerfung unter den gesetzlichen Zwang mit der Fähigkeit, sich seiner Freiheit zu bedienen, vereinigen könne. Denn Zwang ist nötig! Wie kultiviere ich Freiheit bei dem Zwange?« (Kant, Immanuel: Über Pädagogik. 1803)

Zwang als Einschränkung willkürlicher Freiheit sei notwendig, so Kant, weil das Kind noch nicht selbstständig urteilen könne. Der Weg, der vom Zwang zur Freiheit führen soll, ist aber nicht letztlich festgelegt; kann wohl auch nicht abschließend vorgegeben werden. Es ist aber klar, dass eine Einschränkung persönlicher Freiheiten für die Aufrechterhaltung einer Ordnung in einem gesellschaftlichen Sozialwesen notwendig ist.

Freiheit heißt also nicht immer nur »Freiheit von« sondern auch »Freiheit zu«. (E. Fromm: Die Furcht vor der Freiheit)

Wenn man also zu etwas ja sagt, so hat diese Entscheidung auch immer einen Verlust an Freiheit zur Folge. Entscheide ich mich dazu, in einer Sportart Höchstleistungen erzielen zu wollen, so zieht dies automatisch Einschränkungen in anderen Lebensbereichen nach sich. Ein Hochleistungssportler benötigt ein großes Maß an Disziplin, an Selbstdisziplin, wenn er erfolgreich sein will.

Was ist da beim Denken anders? Nur wer sich diszipliniert mit dem Gedankengebäude der Kultur auseinandersetzt, kann zu eigenen gedanklichen Höhenflügen ansetzen. Dies ist eine Fleißarbeit, die nur durch diszipliniertes Lernen möglich ist. »Fleiß schlägt Grips« titelt »Bild der Wissenschaft« im Jahre 2005 und stellt in ihrem Artikel fest, dass Fleiß mehr mit dem Lernerfolg von Kindern zu tun hat, als deren Intelligenz. Selbstverständlich spielt die Intelligenz eine Rolle, denn ohne bestimmte geistige Fähigkeiten, die wir mitbringen, sind bestimmte intellektuelle Leistungen nun mal nicht zu erbringen. Aber Intelligenz ohne Fleiß bringt meist keine guten Leistungen zustande. In dem Artikel wird auch betont, dass Selbstdisziplin und das Aufschieben von sofortiger Wunschbefriedigung für den schulischen Erfolg von ausschlaggebender Bedeutung sind.

Von nichts kommt nichts. Wer nicht ständig (oder doch häufiger) diszipliniert arbeitet und lernt, wird auch keinen Erfolg haben – weder in der Schule noch im Leben.

Der Lehrer ist also für die Aufrechterhaltung von Disziplin und die Einhaltung von Regeln im Klassenzimmer und der Schule mit verantwortlich. Es ist leider richtig, dass viele Lehrer wegschauen, wenn sich Schüler im Schulhof prügeln, wenn gemobbt wird oder wenn in den Pausen geraucht und Alkohol getrunken wird. Man muss sich aber hier nach Ursache und Wirkung fragen. Nicht weil der Lehrer an sich feige ist, sondern weil er sich, wenn er eingreift, nicht von Schülern, Eltern und Juristen beschimpfen lassen möchte, weil das doch alles nicht so schlimm sei und er sich nicht so haben solle. In »Spiegel online« vom 23.06.2008 kann man erschreckende Beispiele für Elternverhalten auf Sanktionsmaßnahmen von Lehrern lesen. Da wurde z. B. das Verhalten des Lehrers einer Düsseldorfer Schule im Brief eines von den Eltern engagierten Anwalts an den Schulleiter als »Grenzüberschreitung« gewertet, nur weil der Lehrer einen Schüler, der Pups-Geräusche während einer Vorstellung im Theater imitiert hatte, ins Foyer verbannte. Hier wären wohl besser die Eltern des Knaben zu rügen gewesen – ganz abgesehen von der Fragwürdigkeit des Verhaltens des Anwalts. Lehrer, die solche Anwürfen seitens der erziehungsunfähigen Eltern und deren Juristen ausgesetzt sind, haben irgendwann keine Lust mehr, etwas gegen rüpelhafte Schüler und deren uneinsichtigen Eltern zu unternehmen.

Sie gehen in die innere Emigration und »reißen« eben ihren Job ab. Das bedeutet letztlich den Niedergang des schulischen Miteinanders.

Lehrer und Gesellschaft – eine Hassliebe?

Die Lehrer (vor allem die im niederen Schulwesen) sind heute noch immer die Fußabtreter der Nation. Alles, was gesellschaftlich nicht klappt, sollen die Lehrer richten und wenn das – logischerweise - nicht funktioniert, sind eben die Lehrer die Versager. So versuchte und versucht man Lehrern ständig einzureden, dass sie Versager und die eigentlich Schuldigen an der gesellschaftlichen Misere seien. Das führt auf Dauer möglicherweise zu einem mangelnden Selbstwertgefühl bei vielen Lehrern.
Dieses mangelnde Selbstwertgefühl zeigt sich schon darin, dass manche von ihnen im Urlaub nicht wagen, ihren Beruf zu nennen, weil sie Angst davor haben, mit Häme und Spott überschüttet zu werden. Hoher Verdienst, Halbtagsjob, zu viele Ferien, keine richtige Arbeit, eben die »faulen Säcke« der Nation, die dem Steuerzahler auf der Tasche liegen, unkündbar sind und auch noch gigantische Pensionen kassieren. Viele Lehrer sind es leid, sich gegen diese allesamt falschen Vorurteile zur Wehr zu setzen. Hoher Verdienst ist lächerlich bei den vielen Nullrunden, die vor allem dem öffentlichen Dienst verordnet wurden, während alle andern Berufsgruppen ständig steigende Löhne zu verzeichnen hatten. Zudem wurde bereits 1951 per Gesetz festgelegt, dass

Beamte etwa sieben Prozent weniger Bruttogehalt bekommen als vergleichbare Berufsgruppen in der Industrie. Diese Geldreserve sollte für die einmal anstehenden Pensionen zurückgelegt werden. Der Staat in Gestalt seiner mehr oder weniger fähigen Politiker hat das aber nicht getan, hat die notwendigen Pensionsrücklagen nie gebildet. Das Geld wurde für andere Zwecke im Haushalt ausgegeben, also praktisch veruntreut (wenn auch anscheinend legal). Nun haben die Politiker kein Recht, über hohe Pensionslasten zu lamentieren. Bei den uninformierten Bevölkerungsschichten kommen solche populistischen Äußerungen jedoch meist gut an. Die Unkündbarkeit haben sich die Beamten sauer verdient. Während in der Wirtschaft teilweise enorme Gehälter bezahlt wurden und noch werden, wurde auf Studienabgänger, die noch vor Jahren zum Staat gegangen sind, hämisch herabgeschaut. Die Beamten haben sich mit all diesen Einschränkungen die Unkündbarkeit erkauft – teuer erkauft.

Noch ein Hinweis: Lehrer bezahlen für ihre private Krankenversicherung recht hohe Beiträge. Der Staat muss aber für einen Beamten keine Arbeitgeberanteile abführen, sondern bezahlt lediglich im Krankheitsfall - und eben nur im Krankheitsfall - 50% der anfallenden Kosten. Die übrigen 50% hat der Beamte durch die private Krankenversicherung abgedeckt. Zudem behält das Land bei seinen Beamten in Baden-Württemberg pro Jahr (noch im Jahre 2010) 120€ als Kostendämpfungspauschale ein. Diese wird von den 50% Erstattungsbetrag, den man eigentlich für die Bezahlung der Arztrechnung erhalten sollte, einbehalten. Also damit ist ganz klar, dass Beamte in Saus und Braus leben und alle anderen die armen ausgebeuteten Bürger sind, die nur dazu da sind, die Beamten zu finanzieren. Wären Angestellte im öffentlichen Dienst billiger als Beamte, so hätte man längst viele Berufsgruppen aus dem Beamtenstatus herausgenommen. Beamte sind aber für den Staat in der Realität deutlich weniger finanzaufwendig als Angestellte. Das ist der eigentliche Grund, weshalb der Staat momentan kein Interesse daran hat, den Beamtenstatus für Lehrer abzuschaffen.

Lehrer und Mode – zwei fremde Welten begegnen sich

Der Lehrer hat auch eine Verantwortung für die ästhetische Erziehung der Schüler. Schaut man sich in Schulen um, so kann man schon mal richtig erschrecken über die Geschmacklosigkeit, mit der sich manche Lehrer kleiden. Kleidung ist Kommunikation, darin sind sich alle Kommunikationsforscher einig. Was wollen uns also die nachlässig bis schlampig gekleideten Lehrer mitteilen? Vielleicht, dass ihnen der Job völlig gleichgültig ist? Dass sie es als Halbakademiker nicht nötig haben, sich bewusst anständig und etwas modisch zu kleiden? Vielleicht sind es auch immer noch Reste der Protesthaltung der späten 60er und 70er Jahre? Mit abgerissener Kleidung drückte man damals aus, dass man gegen die etablierte Gesellschaft war. Lehrer der damaligen Generation wollten ja unbedingt fortschrittlich sein und sich mit ihren protestierenden Schülern auch in der Kleidung anpassen (anbiedern).
Aber es gibt – wie überall – auch hier Ausnahmen.
Die einen kleiden sich sehr ordentlich und wechseln in ihrer Garderobe gelegentlich sogar mal ab, tragen also nicht jahraus jahrein dieselbe schmuddelige Hose und dasselbe abgetragene Jackett, wenn sie überhaupt eines tragen.

Lehrerinnen sind meist etwas ordentlicher gekleidet, als ihre männlichen Kollegen, wenn sie nicht gerade auf einem Ökotrip sind, der modische Kleidung wie selbstverständlich auszuschließen scheint. Bei männlichen Kollegen tun sich da gelegentlich Abgründe auf – vor allem zur Sommerszeit. Da kommen gestandene Männer mit kurzen Hosen, Hawaii-Hemden und in Sandalen Socken tragend in die Schule. Eine solche (Ver-) Kleidung wäre an sich schon im Urlaub peinlich genug – aber in einer Schule ist das ein Ding der Unmöglichkeit. Ein Schulleiter sollte da energisch eingreifen und solche Kollegen nach Hause schicken und ordentliche Kleidung einfordern. Auch Geschmack kann und soll man in der Schule bilden – mit solchen (verkleideten) Lehrern ist das aber nur schwer möglich.

Man könnte auf den Gedanken kommen, dass Schuluniformen für Lehrer noch nützlicher wären als für Schüler.
Gut, der modische Geschmack breiter Kreise der Bevölkerung (nicht nur der Unterschicht) ist in den letzten Jahren völlig auf den Hund gekommen. Dass man sich für besondere Anlässe vielleicht auch besonders kleidet, scheint manchen Menschen völlig fremd zu sein. Dass manche Eltern bei Haupt- und Realschulabschlussfeiern mit Trainingshosen und Muscle Shirt erscheinen, ist schon traurig genug, dass aber einige Lehrer bei einem so wichtigen Ereignis des Schullebens nicht viel besser gekleidet sind als solche Eltern, ist eine Schande und wirft ein schlechtes Licht auf die gesamte Lehrerschaft. Bei manchen Schülern ist allerdings eine erfreuliche Tendenz zu einer gehobeneren Kleidungskultur festzustellen. Bei Abschlussfeiern sind die jungen Damen und Herren gelegentlich sehr viel besser gekleidet als die sie begleitenden Eltern oder die anwesenden Lehrer. Es sind unter den Lehrern häufig die »übriggebliebenen Altachtundsechziger«, die den Sprung in die »Neuzeit« nicht geschaffte haben und in der Öffentlichkeit so auftreten, wie dereinst Joschka Fischer bei seiner Vereidigung zum Um-

weltminister (1985) in Hessen. Dieser hat allerdings die modische Weiterentwicklung – im Gegensatz zu vielen Lehrern - ohne Probleme vollzogen. Lehrer verdienen zwar nicht viel, aber für die gelegentliche Anschaffung neuer Garderobe sollte das Geld eigentlich schon reichen.

Lehrer, Lehrer - nichts als Lehrer

Lehrer sind schon eine ganz eigene Spezies. Viele von ihnen haben die Schule nie wirklich verlassen – auch wenn sie gerne verkünden, wie viel sie doch in den Semesterferien gearbeitet haben. Manche meinen, damit auch schon wirklich einen Blick in die reale Arbeitswelt geworfen zu haben.
Wo liegen die Ursachen dafür, dass Lehrer in weiten Bevölkerungskreisen so unbeliebt sind?
Lehrer sind rechthaberisch, selbstsüchtig, larmoyant, haben keinen Anstand, kleiden sich schlecht und mit ihrer gesunden Halbbildung meinen sie auch noch, immer alles besser zu wissen. Sie sagen auch dem Arzt, welche Diagnose sie bereits gestellt haben, denn schließlich haben sie sich informiert und wollen dem Arzt ja auch nur helfen – und nebenbei auch zu verstehen geben, dass man sich nicht für dumm verkaufen lasse, weil man ja selbst gebildet sei. Es soll Ärzte geben, die Lehrer nur als Patienten akzeptieren, weil diese eben privat versichert sind, ansonsten würden sie gerne auf diese Besserwisser verzichten. Jede Berufsgruppe hat ihre spezifischen Macken, ihre »déformation professionelle«, aber die Macken der Lehrer sind in der Tat manchmal schwer zu ertragen –

selbst unter Kollegen. (Vergleiche die Bemerkungen von Theodor W. Adorno: Tabus über den Lehrerberuf). Lehrer verstoßen häufig gegen alle Regeln des Anstandes und des menschlichen Miteinanders. Ihr Blick ist meist nur auf sich selbst gerichtet und ihr ständiges Lamento über den schweren Beruf ist belastend für jede Kommunikation. Lehrer sind häufig vorlaut, reden dazwischen, hören nicht zu und sind untereinander und auch anderen gegenüber oft recht rüde im Ton. Und solchermaßen ungezogene Menschen sollen unsere Kinder erziehen.

Thesen zur Lehrerausbildung

1. Die Lehrerausbildung aller Schularten ist schlecht – besonders die im »niederen Schulwesen«.
2. Pädagogische Hochschulen sind Hochschulen zweiter Klasse.
3. Die erste Phase der Lehrerausbildung sollte für alle Lehrer ein rein fachwissenschaftliches Studium an einer Universität sein – mit psychologischen und pädagogischen Grundlagenvorlesungen.
4. Nach dem zweiten oder dritten Semester sollen alle Lehramtsstudierenden ein Praxissemester von mindestens sechs Monaten durchlaufen.
5. Die eigentliche Lehrerausbildung erfolgt in der zweiten Phase, dem Referendariat.
6. An den Ausbildungsschulen werden die Anwärter sehr häufig von desinteressierten und unfähigen Mentoren betreut.
7. Gute Mentoren müssen gut ausgebildet werden – sind sie aber nicht.
8. Die meisten Mitarbeiter der Lehrerausbildungsseminare sind nicht auf ihre Tätigkeit als Lehrbeauftragte vorbereitet.
9. Viele Seminarmitarbeiter (aller Schularten) sind schlicht ungeeignet für diese Aufgabe.
10. Viele Seminarmitarbeiter haben völlig überzogene und unrealistische Vorstellungen von Unterricht.
11. Lehrproberituale sind anstrengend können aber sehr hilfreich sein.
12. Die Auswahlverfahren zur Besetzung von Stellen an den Lehrerseminaren müssen gänzlich überarbeitet werden.
13. Gut funktionierende Institutionen werden von fähigen Vorgesetzten geleitet – das sollte auch für Seminare gelten.

14. An den Seminaren wird eine verfehlte »Blended Learning« – Ausbildung praktiziert.
15. Interkulturelles Lernen bedeutet mehr als einige (manchmal vielleicht fragwürdige) Auslandsreisen mitzuerleben.
16. Der Lehrerberuf ist von dauernden Lebenslügen von Lehrern belastet.
17. Manche Erwartungen an den Lehrerberuf können schon nahezu dem Bereich des Esoterischen zugerechnet werden.
18. Die dritte Phase (die Begleitung der Junglehrer) kann hilfreich für den Berufseinstieg sein. Sie läuft allerdings Gefahr, den Junglehrer zu sehr zu »pampern« - wie wir »neudeutsch« sagen würden.

> Wer nichts als Chemie versteht,
> versteht auch die nicht recht.
> Lichtenberg (1742 – 1799)

Der Dreiphasen-Lehrer
Die erste Phase – auch Lehrer sollten gebildet sein

Wie wird man in Deutschland eigentlich Lehrer?
In den verschiedenen Bundesländern gibt es da ganz verschiedene Wege. In Baden-Württemberg entscheidet man sich zunächst, ob man Lehrer an einem Gymnasium oder im niederen Schulwesen, also Grund-, Haupt- und Realschule werden will. Die einen gehen an die Universität und die anderen an eine

Pädagogische Hochschule (PH). Hier herrscht vom Anfang der Ausbildung an ein klares Zweiklassensystem von Lehrern. Beim Studium an einer Pädagogischen Hochschule ist in jedem Fall sicher, dass es eine Einbahnstraße ist. Am Ende steht, bis auf wenig Ausnahmen, der Lehrerberuf. Diese Ausbildung ist so eingleisig, dass die Lehramtsabsolventen von Pädagogischen Hochschulen kaum anderweitig in der Arbeitswelt verwendet werden können.

Da – wie bereits mehrfach erwähnt - sehr oft und meist völlig unreflektiert über schlechte Lehrer geklagt wird, muss überlegt werden, welchen Anteil die Lehrerausbildung an diesen sicherlich nicht ganz zu Unrecht erhobenen Vorwürfen hat.

Für das Lehramt an Gymnasien wurde vor wenigen Jahren ein sogenanntes Praxissemester eingeführt. Inzwischen (ab Herbst 2011) wird auch an den Pädagogischen Hochschulen ein Praxissemester verlangt. Ein richtiger Weg. Wenn das dieses professionell gestaltet wird, kann es dazu beitragen, weniger gut geeignete Menschen vom Lehrerberuf abzuhalten. Über die Wirksamkeit der Praxissemester kann bis heute noch nichts Abschließendes gesagt werden, da noch zu wenig Erfahrungen vorhanden sind.

Das Praxissemester sollte wohl eher zeitlich noch ausgeweitet werden, damit der Praktikant auch wirklich alle Facetten des Schullebens erleben kann. Es kann nicht darum gehen, einen bloßen Schnupperkurs zu absolvieren. Der Weg zu einer Ganztagesschule (wenn man diese denn flächendeckend haben wollte) könnte mit solchen pädagogischen Praktikanten übrigens sehr viel einfacher, pädagogischer und auch noch kostenneutraler vollzogen werden. Die Praktikanten wären einerseits eine hilfreiche Entlastung für Lehrer, die sich dann ihrer eigentlichen Aufgabe – nämlich unterrichten - widmen könnten. Für den Praktikanten böte sich in dieser Zeit andererseits die wichtige Chance, herauszufinden, ob er wirklich für den Lehrerberuf geeignet ist - oder eben nicht.

Die Ausbildungsgänge von Pädagogischen Hochschulen und Universitäten sind von Anfang an sehr verschieden ausgestaltet. Zwar sind die beiden Hochschulen formal gleichgestellt, zumindest seit auch die PH in den 80er Jahren das Promotions- und im Jahre 2005 das eigenständige Habilitationsrecht erhalten hat. Man muss dabei immer bedenken, dass die Pädagogischen Hochschulen erst im Jahre 1971 zu wissenschaftlichen Hochschulen erklärt wurden. Davor hatten sie den Charakter einer Fachhochschule. In der Realität sieht es aber immer noch so aus, dass die PH eine Hochschule zweiter Klasse ist – auch wenn das Viele leugnen. Allein schon die Tatsache, dass Promotions- und Habilitationsrecht erst so spät zugestanden wurden, zeigt, welch geringen wissenschaftlichen Stellenwert die Pädagogischen Hochschulen hatten und noch immer haben.

Dieses Zweiklassensystem existiert nach wie vor. Die, die sich an einer Universität einschreiben, um dort zwei Fächer für das Lehramt an Gymnasien zu studieren und die, die an eine Pädagogische Hochschule gehen und dort – im Moment (ändert sich häufig) - in drei Fächern (zwei Fächer plus affines Fach) ausgebildet werden. Die Studienabschlüsse der Pädagogischen Hochschulen bewegen sich – wie Beteiligte an diesen Prüfungen berichten - teilweise auf einem relativ niedrigeren fachlichen Niveau. Baden-Württemberg ist wohl das einzige Bundesland, das noch an dem Anachronismus »Pädagogische Hochschule« festhält. Die Lehrerausbildung gehört vereinheitlicht, entweder alle an die Universität oder alle an die Pädagogische Hochschule.

Bis heute wurde es nicht erreicht, die Studiengänge von Universitäten und Pädagogischen Hochschulen anzugleichen. Aus diesem Grunde, also um gleichwertige Abschlüsse zu gewährleisten, sollten die Pädagogischen Hochschulen aufgelöst und vollständig in die Universitäten integriert werden. Dort kann man über differenzierte Studiengänge verschiedene Lehrer für die verschiedenen Schularten ausbilden.

In der ersten Phase der Lehrerausbildung (auch im Grund-, Haupt- und Realschulbereich) sollten sich die Studenten – nach dem Praxissemester - vorrangig ihren beiden Fächern widmen. Zusätzlich sind selbstverständlich dringend notwendige, grundsätzliche Kenntnisse in Pädagogik, Philosophie und Psychologie zu erwerben.

Das eigentliche pädagogische Rüstzeug für die Bewältigung von Unterricht sollen die Lehramtsanwärter dann in der zweiten Phase der Lehrerausbildung, dem sogenannten Vorbereitungsdienst oder Referendariat (die Bezeichnung Referendar gilt streng genommen nur für angehende Gymnasiallehrer) mit auf den Weg bekommen.

Das Studium an den Pädagogischen Hochschulen im südwestlichen Bundesland wurde immer wieder reformiert, man könnte auch sagen, ständig »verschlimmbessert«. Noch vor etwa 25 Jahren studierte man für den Bereich Realschulen zwei Fächer, die gleichwertig nebeneinander standen. Dann wurden drei Fächer studiert, die in ihrer Gewichtung verschieden waren, das hieß, dass manche Fächer mit mehr Stunden studiert werden mussten und manche eben mit weniger. In der gleichen Zeit allerdings wie bisher die zwei Fächer, sollten nun also drei Fächer studiert werden. Die inhaltliche Qualität musste da automatisch leiden – auch wenn manche Hochschullehrer und Politiker das leugnen werden. Die Einführung eines affinen Faches war wieder einmal ein Fehlgriff aller erster Güte. Die fachlichen Kenntnisse eines »Affinen« sind so mager, dass man schon fast von »zero knowllege« sprechen kann.

Nun aber steht ein solcher »Affiner« vor einer Klasse und hat also »keinen rechten fachlichen Durchblick«. Der affine Lehrer selbst ist, wenn er mit sich und anderen ehrlich ist, aus diesem Grund sehr oft im Unterricht verunsichert, weil er seine fachlichen Mängel ja (hoffentlich) deutlich spürt. Auf einen solch armen »Affinen« kommt viel Arbeit zu, denn er muss sich als Berufseinsteiger zunächst einmal auf einen einigermaßen

sicheren Stand bringen. Fachliche »Dünnbrettbohrerei« wird von keiner Seite, weder von Schülern, noch von Eltern oder der Schulaufsicht, akzeptiert – aber die Ausbildungsordnung lässt diese mangelnde Fachkenntnis zu, fördert sie geradezu.
Mit der derzeitigen Art der Ausbildung der Grund-, Haupt- und Realschullehrern schadet man Schülern und Lehrern gleichermaßen. Nur wer ein fundiertes Fachwissen besitzt, steht sicher vor einer Klasse, kann sein Wissen sinnvoll didaktisch reduzieren und an seine Schüler weitergeben.
Studieren braucht Zeit, um sich mit seinen Fächern und den Nachbardisziplinen auseinandersetzen zu können. Bildung – und Lehrer sollten die Gebildetsten unter den Gebildeten sein – ist nicht in einem Schnelldurchlauf mit rein utilitaristischer Praxisorientierung zu erwerben.

Die zweite Phase – Lehrer erster und zweiter Wahl

Ein Aspekt, der eigentlich den Kern der Lehrerausbildung darstellt, aber in der Öffentlichkeit kaum Beachtung findet, ist die Ausbildung der Lehrer in der so genannten zweiten Phase, dem Vorbereitungsdienst oder Referendariat. Eine an sich wichtige und auch positive Einrichtung - nämlich die der Seminare (staatliche Seminare für Didaktik und Lehrerbildung) - wird durch ständiges politisches Herumexperimentieren in ihrer Arbeit behindert und sogar teilweise infrage gestellt. Die Strukturen der Gymnasial-, Berufsschul-, Realschul- und der Grund- und Hauptschulseminare sind in weiten Bereichen sehr verschieden. Die Unterschiedlichkeit beginnt schon in der Auswahl der

Mitarbeiter der Seminare. An den Gymnasialseminaren müssen Mitarbeiter, die z. B. Pädagogik unterrichten wollen, in der Regel eine spezielle Qualifikation nachweisen, während dies an den Realschulseminaren nicht der Fall ist. Solche und ähnliche Ungereimtheiten sollten schnellstmöglich beseitigt werden.
Die Ausbildungsordnungen der verschiedenen Seminare für Grund-, Haupt- und Realschullehrer einerseits und für Gymnasien andererseits unterscheiden sich teilweise erheblich voneinander. Ein kleines Beispiel mag dies verdeutlichen. Den Gymnasialseminaren stehen beispielsweise Fachräume für die Naturwissenschaften zu, den Seminaren für das niedere Schulwesen jedoch nicht – zumindest gibt es kaum ein Seminar des niederen Schulwesens, das solche Fachräume besitzt. Die Anwärter für das niedere Lehramt müssen ja auch keine anspruchsvollen Experimente durchführen, denn sie unterrichten ja nur die »zweite Wahl« – so wohl die dahinter stehende Einstellung von Politikern.
In den 80er Jahren wurden die Seminare für Grund- und Hauptschulen und für Realschulen in der heutigen Form geschaffen. (Die Gymnasiallehrer wurden nach dem Studium auch davor schon an Studienseminaren weiter ausgebildet und auf das Lehramt vorbereitet.) Die Einrichtung der Seminare auch für den Grund-, Haupt- und Realschulbereich war ein umsichtiger Schritt des damaligen Kultusministers. Damit wurde die zweite Phase von den Pädagogischen Hochschulen, die bisher für die Betreuung der Anwärter zuständig waren, abgekoppelt. Bislang wurden die Lehramtsanwärter nämlich von Professoren der Pädagogischen Hochschulen, die selbst kaum Unterrichtserfahrung an den »niederen Schularten« hatten, betreut. Seit 1984 gibt es nun also die Seminare in der heutigen Form – und das ist gut so. Nach so langer Zeit darf man allerdings auch fragen, was die Seminare geleistet haben, ob sie noch zeitgemäß sind und wie man ihre Arbeit verbessern und optimieren könnte? Es gibt viel zu bemängeln und

noch mehr zu verbessern. Von der Ausstattung der Seminare bis zur Auswahl des Personals (wie oben erwähnt), von der Ausbildungs- über die Prüfungsordnung bis hin zu grundlegenden didaktischen Konzeptionen der Lehrerausbildung spannt sich der Bogen der wünschenswerten Veränderungen. Wenden wir uns zunächst den Ausbildungsschulen zu.

Jetzt geht die Schule richtig los

Der Vorbereitungsdienst dauert heute (2011 in Baden-Württemberg) in der Regel für alle Schularten 18 Monate. Im Februar treten die dem jeweiligen Seminar (Staatliches Seminar für Didaktik und Lehrerbildung) zugewiesenen Anwärter voller Erwartungen ihren Dienst an. Sie werden als Beamte auf Widerruf vereidigt und haben nun die Rechte und Pflichten eines Beamten. Das Seminar (in diesem Fall das Realschulseminar) weist die Anwärter im Dezember, also vor dem offiziellen Dienstbeginn im Februar, einer Realschule im Bereich des Seminars zu. Diese Schule kann unter Umständen sehr weit vom Seminarort entfernt liegen. An Seminartagen sind Autofahrzeiten der Anwärter von drei und vier Stunden keine Seltenheit. Im ersten Halbjahr seiner Ausbildung, also von Februar bis zu den Sommerferien im Juli sollen die Anwärter im Unterricht ihrer Mentoren hospitieren und zunehmend bereits eigene Unterrichtsversuche durchführen.
Sie bekommen vom Schulleiter je einen Mentor für jedes ihrer drei Fächer zugewiesen. Die Auswahl der Mentoren ist

Sache des Schulleiters und der reinen Willkür anheimgestellt, da es keine Kriterien für die Auswahl von Mentoren gibt. Die meisten Schulleiter bemühen sich ernsthaft, gute Mentoren in ihrem Kollegium zu finden. In nicht wenigen Fällen gelingt dies allerdings nicht. Da werden alte, schon fast »outgeburnte« Kollegen oder junge, gerade selbst erst in den Schuldienst eingetretene Lehrer ohne jede Erfahrung, oder solche, die gar kein Interesse an einem Anwärter haben, vom Schulleiter dazu »verdonnert«, einen solchen »Lehrling« zu betreuen. Zu viele Anwärter berichten über falsche, faule, unfähige und desinteressierte Mentoren. »Eigentlich wollte ich in diesem Schuljahr keinen Anwärter, aber nun muss ich Sie ja wohl oder übel betreuen« – ist eine nicht so seltene Aussage, die den jungen Menschen den Einstieg in die zweite Phase ihrer Ausbildung sicherlich sehr erleichtert. Diese oder ähnliche Bemerkungen künden von großem pädagogischem Geschick solcher Lehrer – wahrscheinlich gehen diese Lehrer ähnlich sensibel auch mit ihren Schülern um. Solange Schulleiter Mentoren auf eine solch willkürliche und teilweise unqualifizierte Art und Weise rekrutieren, solange kann die Ausbildung zu einem guten Lehrer nur schwer gelingen. Mentoren, die keine Lust haben, der Aufgabe nicht gewachsen sind und die Anwärter als Zumutung und Belästigung empfinden, schaden der Ausbildung mehr, als dass sie nützen.

Mentoren erhalten für den Anwärter, den sie betreuen, eine mehr als geringe Stundenanrechnung. Sicherlich ist eine qualitativ hochwertige Betreuung eines Anwärters zeitaufwendig – aber es sollte nicht an der Anzahl der Ermäßigungsstunden liegen, ob man einen Anwärter betreuen möchte oder nicht.

Nur die besten Lehrer sollten ausbilden dürfen – und es sollte eine Ehre sein, einen Anwärter auf seinem Weg zum fertigen Lehrer begleiten zu können. Dazu gehört aber, dass Mentoren zunächst einmal selbst ausgebildet werden müssen. Neue Mentoren erhalten von Mitarbeitern der Seminare bis dato lediglich eine »Schnellbleiche« in Form einer Art Informationsveranstaltung – und das war´s dann schon. Gute Mentoren sind unabdingbar die Basis einer guten Lehrerausbildung im Vorbereitungsdienst. Um jedoch gute Mentoren zu bekommen, muss man fähige Lehrer rekrutieren und diese dann qualifiziert aus- und weiterbilden.

Es ist ein Widersinn allererster Güte, dass man Ausbilder nicht ausbildet. Im Handwerk darf nur ein Meister und kein Geselle Lehrlinge ausbilden. Bei den Lehrern bilden Lehrer, Lehrer aus - ohne die geringste Zusatzqualifikation erwerben zu müssen. Dabei ist unter den Lehrern häufig weit und breit kein »Meister« in Sicht. Die meisten Mentoren bemühen sich redlich, den Anwärter gut zu betreuen, aber eben eher dilettantisch als qualifiziert. Das kann und darf es bei einem so wichtigen Beruf wie dem des Lehrers nicht geben. Eine Berufsgruppe, die nach weitverbreiteter Meinung, alle bestehenden Übel der gesamten Nation kurieren können soll, wird nicht gut ausgebildet, sondern völlig unzureichend auf ihren Beruf vorbereitet.

Ganz gleich nun wie: Der Anwärter steht im Februar im Lehrerzimmer und hofft, freundlich und hilfsbereit von der Schulleitung, den Mentoren und den übrigen Kollegen aufgenommen zu werden. Er »schleicht« nun also seinem Mentor nach, beobachtet dessen Unterricht und kommt (sollte kommen) mit seinem Ausbilder ins Gespräch darüber. In der Realität ist es aber eher die Ausnahme – so die Auskunft vieler Anwärter – dass auch über den Unterricht des Mentors gesprochen wird. Das Gespräch zwischen Mentor und Anwärter ist deshalb so wichtig, weil einerseits der Mentor eine Rückmeldung zu seinem eigenen Unterricht erhält und weil andererseits der Referendar seine womöglich unrealistischen Ansichten zu relativieren lernt. Für solche Beratungs- und Rückmeldegespräche ist ein »gutes Gespür« von beiden Seiten nötig, denn immer geht es auch um Aussagen zur jeweiligen Persönlichkeit.

Der Anwärter soll nach einer kurzen Eingewöhnungszeit möglichst bald eigenständigen Unterricht halten. Dieser Unterricht wird vom Mentor beobachtet und danach mit dem Anwärter besprochen (sollte besprochen werden). Aber auch solche Nachbesprechungen sind – nach Auskunft vieler der angehenden Lehrer - nicht die Regel. Da werden diese nicht selten mit Allgemeinplätzen wie »machen Sie ruhig so weiter«, »das war ja gar nicht schlecht«, »war schon in Ordnung so« abgespeist. An solch lapidaren Äußerungen kann man die Qualität eines Mentors erkennen. Die Lustlosen und Desinteressierten werden ihre Anwärter mit solchen Floskeln alleine lassen und sich nicht darum kümmern, wie man den Unterricht des Anwärters qualitativ gut beraten könnte. Der Mentor muss auch die notwendige Professionalität besitzen, andere, neuere didaktische Ansätze zu akzeptieren und den Anwärter nicht dafür verurteilen, wenn ihm dessen Unterrichtsversuche nach anderen didaktischen Kriterien nicht so recht einleuchten.

Dieser unerträgliche Zustand – die Existenz von unfähigen Mentoren - ist von der Kultusbürokratie zu verantworten, denn diese unternimmt nichts, um Mentoren entsprechend qualifiziert auszubilden – weil das ja wieder Geld kosten könnte. Es gab ja bisher keine größeren Beschwerden und keine juristischen Klagen gegen dieses mangelhafte System. Wenn wir aber – wie erwähnt - heute davon ausgehen müssen, dass rund ein Drittel aller Lehrer den falschen Beruf ergriffen hat und damit sich und die Schüler unglücklich macht, so wird es höchste Zeit diesen Teil des Ausbildungssystems zu überdenken. Wäre die gesamte Lehrerausbildung in sich stimmig und an vernünftigen Kriterien ausgerichtet, bräuchten wir uns nicht mit so vielen ungeeigneten Lehrern in den Schulen herumzuärgern.

Auf der anderen Seite muss man sehen, dass manche Anwärter einfach nicht erwachsen werden wollen und sich weigern,

den studentischen Schlendrian aufzugeben. Diese hoffnungslosen Fälle werden meist auch hoffnungslose Lehrer – wenn sie denn die Examina schaffen. Viele Mentoren verzweifeln an der Unzuverlässigkeit und Unfähigkeit mancher Anwärter.
Diese Anwärter (des niederen Schulwesens), die sich nicht vom »studentischen Verhalten« lösen können, kommen von einem meist fachlich nicht sehr anspruchsvollen und recht lax gehandhabten Studium an einer Pädagogischen Hochschule und sollen nun plötzlich »umschalten« auf fachlich kompetenter und »strukturierter Lehrer«. Das fällt vielen sehr schwer und entsprechend frustriert sind die jungen Menschen, wenn sie sich in dem engen Korsett der beamteten Lehrtätigkeit wiederfinden. Die meisten Anwärter überwinden diesen Praxisschock nach einer kurzen Eingewöhnungszeit ohne größere Probleme. Andere schaffen das nie. Diese ungeeigneten Chaoten können Schüler, Eltern, Mentoren und Schulleitungen zur Verzweiflung treiben. Frühes »Aussortieren« durch ein Praxissemester hätte da manches Unheil verhindern können. Vielleicht wird ja jetzt, nach der Einführung des Praxissemesters für alle Schularten, alles besser.

Das Seminar – Dilettantismus wohin man schaut

An ein bis zwei Tagen in der Woche besuchen die angehenden Lehrer das Seminar. Dabei müssen diese – wie erwähnt - teilweise sehr lange Auto- oder Bahnfahrten in Kauf nehmen. Der Lehramtskandidat besucht im Moment (Stand 2010 für Realschulen) in Baden-Württemberg 120 Stunden Pädagogik und je Fachdidaktik 70 Stunden während seiner Ausbildungszeit. Dazu kommen noch 35 Stunden Schulrecht und 35 Stunden im sogenannten Ergänzungsbereich. Diese Veranstaltungen finden von Februar des einen bis Februar des nächsten Jahres statt. Danach kommt der Prüfungszeitraum, in dem keine Lehrveranstaltungen mehr besucht werden.

In jedem seiner Fächer wird der Anwärter während der Ausbildung von einem Lehrbeauftragten des Seminars zweimal im Unterricht besucht und beraten (bis vor wenigen Jahren waren es noch dreimal – aus Kostengründen wurde ein Beratungsbesuch gestrichen – so steigert man Qualität!). Für viele Anwärter sind diese 18 Monate mit den Unterrichtsbesuchen und den abschließenden Prüfungen – nach deren eigener Aussage - die reinste Hölle. Schlechte Mentoren und teilweise nicht viel bessere Lehrbeauftragte des Seminars können diesen Auszubildenden das Leben ganz schön schwer machen.

Nach den Sommerferien halten die Anwärter im Umfang von 11 Wochenstunden eigenverantwortlichen Unterricht. Dabei sollten sie noch immer gelegentlich von ihren Mentoren besucht werden – was in der Praxis leider selten bis nie der Fall ist.

Für die Unterrichtsbesuche durch Mitarbeiter des Seminars beginnt man irgendwann, das Lehrprobenritual zu zelebrieren. Der Anwärter weiß in der Regel lange vor dem Termin, wann der Beratungsbesuch erfolgen soll. Er verfällt nun in einen ungeheueren Aktionismus, denn diese 45 Minuten wollen gemeistert werden. Eine regelrechte Planungsmaschinerie wird in Gang gesetzt. Mentoren, Kollegen, Mitreferendare, Eltern und Großeltern, Freunde, Lebensgefährten werden von der Bekanntgabe des Besuches an nur noch über ein Thema mit dem armen Anwärter sprechen können: »Wie halte ich eine Stunde über die Kommunikation im Bienenstaat?« (Wenn das das anstehende Thema der Stunde ist.) Tage- und nächtelang wird im Internet recherchiert, dort vorgefundene Stundenentwürfe werden »downgeloadet«, Arbeitsblätter werden kopiert und in mühevoller Kleinarbeit an die eigenen Bedürfnisse angepasst. Gruppenarbeitsmaterialien werden erstellt, laminiert und in Umschläge gesteckt. Es wird alles generalstabsmäßig geplant. Ein Unterrichtsentwurf mit (pseudo)wissenschaftlichem Anspruch wird geschrieben. Manche Lehrbeauftragte verlangen solchen Unsinn. Minutiös wird jede mögliche Frage und jeder Unterrichtsschritt festgelegt. Übrigens: Für die berühmt-berüchtigten Prüfungslehrproben werden die Anstrengungen meist noch verdoppelt bis verdreifacht – auch wenn man für diese Planung eigentlich nur vier Tage Zeit hat. Schlaflosigkeit gefolgt von tiefen Depressionen bestimmen die Planungsphase – oft bekämpft mit bunten Pillen. Und dann ist es soweit. Der Lehrbeauftragte, gefolgt vom Mentor und oft auch noch dem Schulleiter betreten das Klassenzimmer. Jetzt gilt es: Top oder Flop.

All dieser Aufwand wäre noch zu rechtfertigen, wenn ein kompetenter Lehrbeauftragter, ein kompetenter Mentor und ein kompetenter Schulleiter die Stunde beraten und beurteilen würden. Aber das ist selten der Fall. Der Unterrichtsentwurf wird entweder viel zu wichtig genommen – oder gar nicht erst gelesen, weil die Zeit nicht reicht. Die Stunde wird »irgendwie gesehen und beraten«. Danach sind die Anwärter oft zu Tode betrübt und niedergeschlagen. Die Klasse wollte oder konnte nicht so recht, die Zeitplanung war daneben, weil – wie meist in solchen Stunden – zu viele Inhalte eingeplant waren. Dann bringt der Lehrbeauftragte noch eigene, gelegentlich absurde, Vorstellungen von Unterricht mit, die nicht unbedingt mit denen des Anwärters oder des Mentors übereinstimmen. Je nach den menschlichen Fähigkeiten des Lehrbeauftragten wird der Anwärter aufgebaut oder gnadenlos niedergemacht – häufig leider niedergemacht. All die schönen Kriterienkataloge und Abhaktabellen, die bei den seminarinternen »Fortbildungen«

kursieren, nutzen gar nichts, wenn man kein Gespür für Unterricht und für Menschen hat.

Menschlichkeit kann man zwar nicht lernen, aber man kann diesen bedeutenden Faktor in einem Bewerbungsverfahren, das den Namen auch verdient, zumindest durchschimmern sehen. Es soll aber auch nicht verschwiegen werden, dass es Anwärter gibt, die absolut minimalistisch arbeiten, irgendwelche »geklauten« Stunden übernehmen und kaum einen Gedanken an die Lernprozesse, die in ihrer Stunde stattfinden sollten, verschwenden. Dass man vielleicht auch noch an die Schüler, die etwas lernen sollen, denken müsste, ist bei manchen Anwärtern schon fast Nebensache. Trotz aller Bemühungen von Mentoren und Lehrbeauftragten bleiben diese Menschen beratungsresistent und sind nicht bereit, ihre Anstrengungen für einen gelungen Unterricht zu verstärken. Solche ungeeigneten Kandidaten müssen, auch wenn das hart erscheinen mag, in den abschließenden Prüfungen – wenn sie es soweit geschafft haben – die endgültige »Rote Karte« bekommen. Es geht um das Wohl unserer Kinder und deshalb dürfen offensichtlich ungeeignete Kandidaten nicht in den Schuldienst kommen.

Die Lehrprobe – das Meisterstück

Das Lehrprobenritual ist – wie alles in der Pädagogik – teilweise heftig umstritten. Die einen lehnen es als sogenannte »Schaustunde« völlig ab und verlangen, dass nur »normaler Unterricht« gezeigt werden soll. Was aber ist »normaler Unterricht«? Allein schon die Anwesenheit von Beobachtern macht aus einem Unterricht keinen »normalen Unterricht« mehr. Es ist automatisch eine künstliche, laborähnliche Situation, wenn andere – auch noch beurteilende – Personen im Klassenzimmer anwesend sind. Andere befürworten diese Lehrprobensituation als Bewährung. In einer solchen Schaustunde kann der Anwärter zeigen, was er didaktisch »drauf hat«. Er kann sein methodisches Geschick einsetzen und die Schüler erfolgreich zu den gewünschten Lernergebnissen führen.

Ein Schreiner muss ein Meisterstück anfertigen, wenn er Meister werden möchte. Vielleicht wird er in seinem folgenden Berufsleben nie mehr solch ein Einzelstück von besonderer Qualität anfertigen, aber er hat gezeigt, dass er es kann. Vielleicht wird auch ein Lehrer nie mehr eine so perfekte Stunde halten, aber auch er hat gezeigt, dass er es kann. Jeder weiß, dass man mit 27 Stunden Unterricht pro Woche (Realschullehrer im südwestlichen Bundesland) nicht ständig Vorführstunden halten kann. Beratungsbesuche durch die Lehrbeauftragten des Seminars sind »Gesellenstücke« und Prüfungslehrproben sind eben »Meisterstücke«.

Das Gerücht, dass Lehrbeauftragte oder Schulräte nur »normalen Unterricht« sehen wollen ist und bleibt ein Gerücht. Niemand von diesen Beurteilern will eine »Normalstunde« sehen. Und wenn er das sagt, dann lügt er. Wenn ein Kandidat sich erlauben würde, eine dieser sogenannten Normalstunden zu halten, bräuchte er sich über die folgende Note keine Gedanken mehr zu machen.

Unabhängig von den Lehrprobenritualen durchleben die Anwärter viele Höhen und Tiefen in ihrer Zeit als Anwärter. Wenn man den Vorbereitungsdienst - wie in dem folgenden Beispiel auf eine Unterrichtswoche reduziert, so kann man – wie diese Anwärterin - zu folgender Einschätzung kommen (mit freundlicher Genehmigung von Frau Friderike Zirker, Anwärterin aus Kurs 26/2009 des Realschulseminars Freiburg).

Referendariat im Eilverfahren
oder: Mein Referendariat am Beispiel einer Unterrichtswoche

Montag
Die neue Schule! Ich – nicht mehr Schüler sondern Lehrer! Wow!! Schnellen, starken Schrittes betrete ich das Gebäude. Alles neu, ungewohnt, interessant! Ich lächle. Super! Das Ref. kann kommen – ich bin bereit!

Dienstag
Frust auf ganzer Linie. Meine Stundenvorbereitung dauert – wie der Name schon sagt – Stunden. Ach was, gefühlte Tage!!! Ich verstehe nichts! GLK? Moodle? § 90? Methodencurriculum?? Und wer ist eigentlich Klippert!? Allgegenwärtige Ahnungslosigkeit. Verzweiflung par excellence. Zu großes Unwissen – das wird doch nie was!

Mittwoch
Na prima. Schon wieder schweißgebadet! Gerade Unterricht gehalten. Die Schüler zeigen mäßiges Interesse und die Stunde ging ordentlich daneben. Meine didaktischen Ziele? Oh Gott – keine Ahnung. Zusätzlich hat das Seminar angerufen: Morgen – Unterrichtsbesuch. Deprimiert schlurfe ich durch das Treppenhaus: Kollege A will hüh, Mentor B hott und Schüler C… will gar nicht!
Was will eigentlich ich?! Bin ich hier wirklich richtig? Miesmutig trotte ich nach Hause… es regnet. Na passt ja!

Donnerstag
Meine Laune (ja ist denn das zu glauben?): optimistisch. Schüler A stört meinen Unterricht, ich reagiere angemessen. Oh ha! Kollege X führt ein Fachgespräch, ich verstehe und kann sogar einen schlauen Satz sagen. Und als Krönung lächelt mich Klasse C an, grüßt und arbeitet gewissenhaft. Für einen

kurzen Augenblick sehe ich aus dem Fenster. Tatsache: Auf Regen folgt Sonnenschein!

Freitag
Ich bin müde aber gut gelaunt. Die Woche war hart aber lehrreich! Mein Gemüt durchgeschüttelt aber nicht zerbrochen. Ich öffne das Klassenzimmer und trete ein. »Guten Morgen Frau Zirker« schallt es im Chor.
»Hach«, denke ich: »endlich angekommen«.

Seminarmitarbeiter – das ginge deutlich besser

Die Seminarveranstaltungen in Pädagogik und Fachdidaktik sollen den Spagat zwischen Theorie und Praxis leisten. Die Praxis des Unterrichts soll verknüpft werden mit den theoretischen Grundlagen der Pädagogik und den jeweiligen Fachdidaktiken. Ein schwieriges und anspruchsvolles, aber interessantes und lohnendes Unterfangen.
Basis für das Gelingen dieser Aufgabe sind hoch motivierte und sehr gut aus- und weitergebildete Seminarmitarbeiter. Seminarmitarbeiter (Realschulen) sind derzeit (Realschulseminare): Direktor (Besoldungsgruppe A 16), stellvertretender Direktor (Seminarschuldirektor mit A 15), acht Bereichsleiter (Seminarschulrat mit A 14), 18 Fachleiter (A 13 mit Zulage, die für acht Jahre an das Seminar abgeordnet werden) und – je nach Bedarf – eine gewisse Anzahl von Lehrbeauftragten für jeweils ein spezielles Fach (mit dem normalen Lehrergehalt von A 13). Die Besoldungshöhe der verschiedenen Gruppen

kann man überall nachlesen. Alle diese Mitarbeiter der Seminare werden weder geschult noch sonstwie auf ihre Aufgaben vorbereitet. Neue Lehrbeauftragte bekommen – wie neue Mentoren - an einem Nachmittag eine Schnellbleiche von den Seminarleitungen, die ebenfalls keine stellenspezifische Fortbildung erhalten haben.

Die (späteren) Seminarmitarbeiter haben sich auf die ausgeschriebene Stelle beworben und durchlaufen nun – je nach Position, die sie anstreben – ein spezielles Bewerbungsverfahren. Die einen (Direktoren und deren Stellvertreter) müssen lediglich ein Gespräch im Ministerium führen, denn diese Stellen werden politisch besetzt. Die anderen müssen eine Unterrichtsstunde vorführen (selbstverständlich keine Schaustunde) und vielleicht noch ein Beratungsgespräch führen. Dieses Beratungsgespräch führt man gänzlich »aus dem hohlen Bauch« heraus, denn woher soll man wissen, wie man ein solches Gespräch anlegt. Die Rekrutierung des Personals an den Seminaren erfolgt weitgehend willkürlich. Liegt man auf der Wellenlänge des Leiters und ist politisch genehm, so bekommt man die Stelle. Da gibt es »Pädagogen« an den Seminaren, die ohne jede pädagogische Vorbildung ihren Dienst angetreten haben. Die Engagierten holen das dann aber – hoffentlich - als Autodidakten nach. Manche der »Seminar-Pädagogen« bringen ja gewisse wissenschaftliche Voraussetzungen mit – aber die meisten eben nicht. Wenn dann auch noch Seminarleitungen – wie man gelegentlich hört - wenig von der »Sache Pädagogik« verstehen, können alle, von keinerlei Fachkenntnis getrübt, über Pädagogik sprechen. So kommen dann gelegentlich undurchdachte, seminarinterne Ausbildungsfantastereien zustande, die weder den Seminarmitarbeitern noch den Anwärtern helfen.

Jede Institution ist nur so gut wie ihre Leitung. Effektiv und effizient arbeitende Behörden werden von qualifizierten Vorgesetzten geleitet. Ein Schulleiter, ein Behördenchef oder ein Seminarleiter kann das ihm unterstellte System durch seine Kompetenz zu einer wirklich wirkungsvollen Institution formen. Er kann aber durch Inkompetenz das System recht schnell auf einen falschen Weg dirigieren und vor die Wand fahren lassen. Die Möglichkeiten hierfür sind mannigfaltig. Dass solche »fehlgeleiteten« Systeme dennoch häufig recht ordentlich arbeiten, liegt an den engagierten Mitarbeitern, die ihre Arbeit - trotz sachunkundiger Leitung und eigenem Dilettantismus – engagiert erledigen. Vorsicht also bei der Personenauswahl in Führungspositionen. Das weiß man schon lange aber die Politik ignoriert hier sehr oft die Fakten. Da werden wer weiß was für Kriterien - man könnte diese als sekundäre Hilfskriterien bezeichnen - für eine Stellenbesetzung herangezogen. (Politische Ämter werden ja meist auch nicht nach Qualifikation besetzt.)

War die Bewerbung um eine Lehrbeauftragtenstelle in einem Fach erfolgreich, so bekommt man kurz vor, oder gelegentlich sogar erst nach dem vorgesehenen Dienstantritt, die Stellenzusage. Nun sitzen da Anwärter und man soll als Lehrbeauftragter eine Fachdidaktikveranstaltung halten, obwohl man doch selbst noch kaum eine Ahnung von der Sache hat. So wird an den Seminaren in einem Maße herumdilettiert, dass man sich fragt, wie dennoch gelegentlich gute bis sehr gute Lehrer dabei herauskommen können. Woran kann das liegen? Es liegt meist daran, dass sich stabile Anwärterpersönlichkeiten nicht von schlechten Seminarveranstaltungen und teilweise unfähigen Seminarmitarbeitern beeinflussen lassen und – trotz der Widrigkeiten - engagierte und durchdachte Arbeit leisten.

Sind die Seminare also vielleicht sogar überflüssig? Wenn man auf Dauer wirklich viele gute Lehrer, die den zeitgemäßen unterrichtlichen und zwischenmenschlichen Herausforderungen gewachsen sind, haben möchte – wie das ja von allen Seiten gefordert wird – dann muss man die Seminare beibehalten und die Ausbildungsqualität steigern.

Die Seminare für Didaktik und Lehrerbildung, wie sie so schön heißen, müssen »auf Vordermann« gebracht werden, indem man die Auswahl des Personals deutlich verbessert und die Ausbildungsordnungen überarbeitet. Es macht sich auch hier der Trend bemerkbar, alle gesellschaftlich nicht gelösten Probleme von den Seminaren in der Ausbildung der künftigen Lehrer lösen zu lassen.

Zwei, eher am Rande liegende, aber dennoch symptomatische Beispiele hierfür sind das sogenannte »Blended Learning« und das völlig überschätzte »interkulturelle Lernen«.

Blended Learning – die Mischung macht es nicht

Die Seminare in Baden-Württemberg müssen, laut Erlass des Kultusministeriums (momentan) insgesamt 20 Stunden der Pädagogikveranstaltungen als sogenannte »Blended Learning« – Veranstaltungen abhalten. Fünfzehn Stunden sind dabei als Computerarbeit zu Hause und fünf Stunden als Präsenzveranstaltungen am Seminar abzuleisten. Dass die Lehramtsanwärter mit computerbasiertem Lernen in gewissen Grenzen vertraut gemacht werden müssen, ist selbstverständlich. Dafür aber 20 Stunden aus den ohnehin schon knapp bemessenen Pädagogikstunden herauszuschneiden, ist einfach unsinnig. Zum einen bringen (sollten mitbringen) die (meisten) Anwärter bereits aus der ersten Phase, dem Studium, vielfältige Kenntnisse im Umgang mit Computern mit und zum anderen genügt auf diesem Gebiet eine relativ kurze Einweisung. Die Entwicklungen auf diesem Gebiet sind so rasant, dass nur persönliches, eigenverantwortliches Lernen (was ja alle Pädagogen und Politiker fordern) – und zwar lebenslang – hilft, um auf dem neuesten Stand zu bleiben. Learning on Job ist auch im Lehrerberuf nötig.

Der Computer ist ein Hilfsinstrument und sollte in der Schule keinen zu großen Stellenwert bekommen. Hier wäre in der Lehrerausbildung eine allgemeine Mediendidaktik notwendig und keine Ausbildung in Blended Learning. Auch computerbasiertes Lernen ist nur so gut, wie der Lehrer, der es einsetzt. (Vgl. Stoll, Clifford: Logout).

Denken wir an die Euphorie, mit der einst die Sprachlabors eingerichtet und anfangs auch genutzt wurden. Bald jedoch hat man festgestellt, dass diese Art, Sprachen zu lernen, für die Schulen ungeeignet war. Heute spricht im Bereich Schule kaum mehr jemand von Sprachlabors. Hier wurde grandios viel Geld in den Sand gesetzt. Eine ähnliche Gefahr droht vielleicht den Computerräumen an den Schulen. Man kann den Umgang mit dem Computer zwar als »vierte Kulturtechnik« ansehen, aber sehr viele, wohl die meisten Kinder beherrschen dieses Instrumentarium bereit, wenn sie in die Schule kommen. In der Schule kann dann nur noch auf einen sinnvollen Umgang mit diesem Medium hingearbeitet werden. Wir erklären den Kindern in der Schule auch nicht die Handhabung des Fernsehers oder des DVD-Recorders. Wer glaubt, durch Computer würden die Schüler schlauer und das Lernen leichter, der irrt. Lernen ist und bleibt individuell und anstrengend.

Interkulturell - oder Reisen bildet - vielleicht

Da wird beispielsweise »interkulturelle Kompetenz« (neuerdings sprechen manche Wichtigtuer auch von »transkulturelle Kompetenz« – ohne den Unterschied wirklich klar benennen zu können) gefordert, weil in der Ausbildungsordnung ganz pauschal von interkulturellem Lernen in der Schule gesprochen wird. Dass ein Lehrer mit der ethnischen Vielfalt in seinen Klassen zurechtkommen muss, ist unbestritten notwendig. Dass er dafür ein großes Mindestmaß an Toleranz besitzen sollte, ist ebenfalls deutlich. Dass man ihn an den Seminaren auf die schwierige Aufgabe im Umgang mit den multikulturellen Gegebenheiten in den Schulen vorbereiten muss, leuchtet ebenfalls jedem ein. Ob man dies aber über teuere Auslandreisen erreicht, kann in Frage gestellt werden. Damit soll nicht gesagt werden, dass solche Reisen sinnlos wären. Ganz im Gegenteil. Die Anwärter und die Schüler können durch die Begegnung mit fremden Kulturen eine persönliche Horizonterweiterung erfahren. Damit wird vielleicht auch ein Mehr an notwendiger Toleranz erreicht. Man darf jetzt aber keinesfalls meinen – wie manche das euphorisch vertreten -, dass durch diese Reisen und die dabei entstehenden persönlichen Kontakte die Probleme der Welt gelöst würden. Diese wenigen internationalen Begegnungen werden in ihrer Bedeutung viel zu sehr überschätzt. Solche Auslandsreisen tragen vor allem nichts dazu bei, die Ausbildung am Seminar für den täglichen Unterricht zu verbessern. Sie sind persönliche Highlights, die aber nichts (oder nur sehr eingeschränkt) mit der alltäglichen Arbeit zu tun haben. Man kann sich des Eindrucks nicht erwehren, dass manche Seminarleitungen (es sind einige Seminare, die Auslandskontakte rund um die Welt pflegen) hier ein nettes Hobby pflegen.

Es bleibt festzuhalten, dass auch hier versucht wird, über die Lehrerbildung die Probleme der Welt und speziell der Integration zu lösen. Das wird so nicht funktionieren.

Schule – inklusive Inklusion

Ein weiterer Aspekt, der derzeit die pädagogischen Diskussionen beschäftigt und nicht als Randproblem angesehen werden kann, ist die sogenannte »Inklusion«. Der Grundgedanke liegt darin, dass alle Kinder, mit und ohne Behinderung, in der gleichen Schule und in gleichen Klassen unterrichtet werden sollen. Eine Beschulung in speziellen Sonderschulen wird heute von einer Gruppe von Pädagogen und Politikern als Separation betrachtet und sei deshalb abzulehnen. Diese Erscheinung belegt wieder einmal sehr deutlich, dass in der Pädagogik »jedes Jahr eine neue Sau durchs Dorf getrieben wird«. Ständig irgendwelche undurchdachten Experimente, die Unruhe und Unsicherheit in die Schulen tragen. Ich meine, dass die Inklusion eher Außenseiter produziert, als solche zu verhindern. Wenn man wirklich Hemmschwellen zwischen Nichtbehinderten und Behinderten abbauen möchte, was sehr sinnvoll wäre, so sollte man dies im außerschulischen Rahmen tun. In den propagierten Ganztagesschulen böten sich über gemeinsame Sport- und Spielveranstaltungen an den Nachmittagen genügend Möglichkeiten, sinnvolle Kooperationen in Gang zu setzen, und damit Vorurteile abzubauen – und nicht im normalen Schulunterricht. In passenden Sonderschulen werden behinderte Kinder (gleichgültig mit welcher Behinderung) von speziell ausgebildeten

Lehrern optimal gefördert und finden auf diese Weise sehr viel eher zu einer stabilen Persönlichkeit als in einer Normalschule, in der sie eben Außenseiter sind. An den Seminaren, so kann man feststellen, wird die Inklusion begierig aufgegriffen und als Thema in die Lehrerausbildung einbezogen. Jetzt sollen (normale) Lehrer nicht nur im normalen Unterricht wahre Wunderdinge vollbringen, sie sollen nun also auch noch Experten in der Beschulung von Behinderten werden – man könnte heulen.

Das Seminar und die weltfremde Pädagogik

Aber zurück zur Seminararbeit. Seminarmitarbeiter sollten wirklich die besten Lehrer des Landes sein, die zudem noch den Anspruch haben, den bereits erwähnten Spagat zwischen Theorie und Praxis leisten zu können und diesen dann auch gewinnbringend für die Anwärter am Seminar umzusetzen. Hierfür ist eine realistische Sicht von Schule notwendig. Doch leider versuchen auch viele Seminarmitarbeiter, den Anwärtern hehre und gelegentlich recht weltfremde pädagogische Ideen mit auf den Weg zu geben. Hören wir endlich auf damit, Lehrern die unmöglichsten Dinge aufzubürden. Lehrer sind keine »Wundermenschen«, an die, schon nahezu Heiligen gleich, Anforderungen gestellt werden, die kein Mensch erfüllen kann. Am Rande bemerkt: am allerwenigsten wohl die solchen Unsinn fordernden Pädagogen und Politiker.

Ich weiß nicht, ob es noch andere Berufsgruppen gibt, die - noch mehr als die Lehrer - mit einer immerwährenden Lebenslüge leben. Lehrer hat man vom Studium bis in die späten Berufsjahre in ein pädagogisches Fantasiesystem eingebunden, das von Idealisierungen und Irrationalismen nur so strotzt - und das gilt in besonderem Maße auch für Seminarlehrer. Wer nicht resistent ist gegen diese - gelegentlich schon esoterisch anmutenden - pädagogischen Zumutungen, kommt aus dem Zustand eines permanenten schlechten Gewissens kaum noch heraus. Da interpretieren dann auch gestandene Seminarlehrer übelstes Schülerverhalten als »pädagogische Herausforderung«, anstatt das Kind beim Namen zu nennen und entsprechende Sanktionen zu fordern und initiieren.

So schlagen wir uns also weiterhin an den Seminaren mit unrealistischem Dilettantismus herum, der eine sinnvolle Lehrerausbildung in starkem Maße behindert, wenn nicht gar unmöglich macht. Die Seminare könnten wirklich viel zur Professionalisierung der Lehrer beitragen, wenn man höhere Erwartungen an die Mitarbeiter stellen würde.

Die dritte Phase – gut »gepampert« in den Beruf

Die Seminare für Didaktik und Lehrerbildung könnten in der so genannten dritten Phase, der Lehrerfort- und -weiterbildung gewinnbringend eingesetzt werden. Ob man eine solche Phase braucht und für sinnvoll hält, steht auf einem anderen Blatt.

Der »geprüfte Anwärter« hat nun also den Vorbereitungsdienst erfolgreich abgeschlossen und steht als staatlich geprüfter Realschullehrer vor den Herausforderungen seines Berufs. Nun kommt der wirkliche »Praxis-Härte-Test«. Wenn er eine volle Stelle bekommt, was keinesfalls selbstverständlich ist, so beginnt eine harte Zeit an der Schule. Ein volles Deputat an einer Realschule in Baden-Württemberg umfasst – wie gesagt - 27 Wochenstunden (in Bayern übrigens nur 25 Wochenstunden) Unterrichtszeit. Das bedeutet für einen Junglehrer eine enorme Herausforderung. Wie jeder andere Beamte hat auch der Realschullehrer eine Wochenarbeitszeit von 41 Stunden. Die Verrechnung von 27 Unterrichtsstunden pro Woche auf 41 Stunden Wochenarbeitszeit ist – wenn man Vorbereitung und beispielsweise Korrekturen in Rechnung stellt – sehr realistisch, wenn nicht gar zu gering angesetzt. Hat man nun also, nach einer sogenannten »schulscharfen Bewerbung« oder einer Zuweisung durch das Regierungspräsidium eine Stelle ergattert, so ist man endgültig in die Arbeitswelt eines Lehrers eingetaucht (vgl. im Abschnitt über den Lehrer). Der Junglehrer bekommt sein Deputat und seinen Stundenplan zugeteilt. Er wird meist sofort als Klassenlehrer eingesetzt und erhält Klassen zugewiesen, die er bisher (vielleicht) noch nie unterrichtet hat. Es ist klar, dass nun eine harte und arbeitsreiche Zeit als Anfänger beginnt – das ist wohl in allen anderen Berufen auch so. Bislang wurde man als Junglehrer einfach ins kalte Wasser geschmissen und lernte dabei meist recht schnell schwimmen – denn niemand will gerne »absaufen«. Das ist bisweilen auch heute noch so. Aber inzwischen gibt es eben die »dritte Phase«, die den Junglehrern den Weg ins Berufsleben erleichtern soll. In dieser Phase werden die Berufsanfänger an die Hand genommen und es wird ihnen von mehr oder weniger erfahrenen Kollegen gezeigt, wie man die erste Zeit als Lehrer überlebt, ohne allzu großen Schaden zu nehmen und anzurichten. Diese Hilfestellung ist sicherlich einerseits nützlich und entlastend aber andererseits vielleicht auch ein wenig mit Skepsis zu betrachten. Die Lehrer wurden an den Seminaren ausgebildet und sollten eigentlich das für das Überleben notwendige Handwerkszeug mitbekommen haben. Mit einer institutionalisierten dritten Phase stellt man der zweiten Phase eigentlich ein eher schlechtes Zeugnis aus, denn man nimmt an, dass die Lehreranwärter das nötige Rüstzeug für ihren Beruf nicht parat haben. Der Junglehrer selbst wird als ziemlich hilflos gebrandmarkt, denn er muss von einer fürsorglichen Hand in die tägliche Berufsarbeit eingeführt werden. Vielleicht würde man ihm mehr helfen, wenn man ihm an der Schule direkt einen erfahrenen Kollegen als Ansprechpartner zur Seite stellen würde. Ein solch hilfreicher »Coach« könnte dem Anfänger viel von seinen Ängsten nehmen und ihm sagen, worauf er wann und wie zu achten hat. Dieses einfache System wäre kostenneutral und sicherlich auch noch wirksam obendrein. An manchen Schulen wird das bereits praktiziert.

Dass fachliche und auch pädagogische Fortbildungen für Berufseinsteiger unerlässlich sind, ist unbestritten, aber man muss die jungen Kollegen nicht an der fürsorglichen pädagogischen Hand nehmen und sie »pampern«, denn damit sorgt man nur dafür, dass sie unselbstständig bleiben – und unselbstständige Lehrer sind keine guten Lehrer.

Schlussbemerkungen

In vier großen Themenzusammenhängen, Schule, Unterricht, Lehrer und Lehrerausbildung wurden die oft wenig erfreulichen Zustände in der deutschen Bildungslandschaft angesprochen. Die Diagnose lautete, dass die Schule in Deutschland immer mehr an Niveau verliert und Schüler entlässt, die den Bedingungen des gesellschaftlichen Lebens und der Arbeitswelt kaum mehr gewachsen sind. Die Gesellschaft bürdet der Schule Aufgaben auf, die sie nicht bewältigen kann. Mit ihren unrealistischen und weltfremden Ideen haben Pädagogen und Politiker das Schulwesen an die Wand gefahren.
Schule soll das tun, wofür sie einstmals geschaffen wurde und was ihre Aufgabe bis heute ist, nämlich Unterrichten. Alle weiteren gesellschaftlich relevante Aufgaben, wie die Betreuung von Kindern und Jugendlichen, müssen von anderen Institutionen übernommen werden. Die Schule darf keine Betreuungs- und Therapieanstalt sein.
Damit die Schule ihre Aufgabe sinnvoll erfüllen kann, müssen wieder Bildungspläne, die auch echte Pläne sind, mit verbindlichen Inhalten geschaffen werden. Die derzeitigen Bildungspläne in Baden-Württemberg sind weit von diesem Ziel entfernt. Dazu gehören in Prüfungsordnungen klare Aussagen darüber, was ein Schüler am Ende seiner Schulzeit – gleichgültig ob Haupt-, Realschule oder Gymnasium – wissen und können muss. Meinetwegen kann man das Kompetenzen nennen oder, wie beispielsweise in den 70er und 80er Jahren, Schlüsselqualifikationen.
Das begriffliche Tohuwabohu in der Pädagogik, das jede Kommunikation erschwert, zeigt sich schon an diesem kleinen unscheinbaren Beispiel. Sind Kompetenzen Schlüsselqualifikationen oder eher doch nicht? Im Streit um solche irrelevan-

ten Fragen wird die tägliche Arbeit im Klassenzimmer völlig vergessen.

Die im Bildungsplan von 1994 (Baden-Württemberg) vorgesehenen »fächerverbindenden Themen« sollten wieder eingeführt werden, damit die unseligen und unnötigen Fächerverbünde schnellstmöglich aus der Bildungslandschaft verschwinden. Die Schüler sollen ein fundiertes Basiswissen z. B. in Biologie, Chemie und Physik erwerben können – das ist mit diesen unnötigen Fächerverbünden nicht möglich.

Es war schon immer klar, dass Lehrer nicht »Lernen machen können«. Der Lehrer soll (zuallererst) Wissen vermitteln, dann durch die Förderung von erkannten Begabungen, Können ermöglichen und schließlich, wenn möglich, Einstellungen durch Vorbild prägen. Die Basis seines Berufs ist aber die Wissensvermittlung.

Jemand, der etwas kann, bringt jemand anderem, der das noch nicht kann, etwas bei und hilft diesem dabei, das neue Wissen zu verstehen und darüber hinaus zu weiterführendem Denken, zu neuem Wissen, zu gelangen. Der Lehrer »versorgt« seine Schüler mit Wissensbeständen, die ihnen eine sichere, allgemeinbildende Basis bietet, ganz gleichgültig, welchen Beruf sie einmal ergreifen wollen.

Das ist die Aufgabe eines Lehrers und nicht die sozialpädagogische Betreuung von fehlgeleiteten und fehlerzogenen Schülern.

Hierfür ist ein Unterricht notwendig, der, aufbauend auf einer gelungenen Lehrer-Schüler-Beziehung, von den Schülern Anstrengung einfordert. Dafür muss der Schüler bereit sein, sich auf schulisches Lernen einzulassen und sich aktiv am Unterricht zu beteiligen. Dem Lehrer muss es gelingen, seine Schüler zu Sinn verstehendem Denken anzuregen – auf dem Niveau der jeweiligen Schulart.

Es war und ist mir, seit ich für das Lehramt studierte und seit ich in diesem Beruf arbeite, unerklärlich, weshalb die Schule ständig als Experimentierfeld für Pädagogen und Politiker herhalten musste und noch immer muss. Bildungserwerb braucht Ruhe und Zeit. Alle Jahre neue, meist kurzsichtige und kurzlebige, Reformen und Reförmchen auf den Weg zu bringen, be- und verhindert schulische Arbeit in weiten Bereichen. Eine Flut von Erlassen und Verordnungen bringt es mit sich, dass niemand mehr so genau weiß, woran er ist und was derzeit noch Gültigkeit besitzt oder nicht. Lehrer sollen unterrichten und kein juristisches Grundstudium für ihre Arbeit benötigen.

Schüler müssen endlich wieder Schüler sein, die etwas lernen sollen und wollen und nicht von einem Lehrer »gecoacht« oder »lernbegleitet« werden. Sie müssen bereit sein, sich anzustrengen und Leistung zu erbringen. Es ist ein Unding, was sich an manchen Schulen in Deutschland momentan abspielt. Bei »Youtube« kann man beispielsweise unter dem Stichwort »Lehrer« oder »Unterricht« von Schülern mit dem Handy aufgenommene Szenen finden, die nichts, aber auch gar nichts mehr mit Unterricht zu tun haben. Schüler, die machen was sie wollen, hilflose Lehrer am Rande des Zusammenbruchs und weit und breit kein Unterricht. Solche Szenen spielen sich bundesweit an allen Schularten ab (in Problemvierteln großer Städte sicherlich häufiger als im ländlichen Bereich). Dazu dann noch Politiker und Pädagogen, die solch eklatantes Fehlverhalten entweder ignorieren oder als »pädagogische Herausforderung« klassifizieren. Damit muss Schluss sein. Jedes Fehlverhalten von Schülern muss – im pädagogisch angemessenen Rahmen – sofort sanktioniert werden. Die Devise kann nur lauten: Wehret den Anfängen. Lehrer müssen wieder den Mut haben, zu unterrichten und sie müssen die Mittel in die Hand bekommen, um einen einigermaßen störungsfreien Unterricht durchsetzen zu können. Nicht die Juristen dürfen in der Schule das Sagen haben, sondern die Lehrer mit ihrer pädagogischen Verantwortung.

Disziplin im Klassenzimmer muss wieder eine Selbstverständlichkeit werden. Das hat nichts mit »Kadavergehorsam« zu tun, wie das nur wirklich ignorante Pädagogen formulieren können. Äußere Disziplin ist immer eine Vorstufe zu innerer Disziplin – Selbstdisziplin. Selbstdisziplin ist es, was für eine positive Verhaltenssteuerung notwendig ist. Ohne ein gewisses Maß an Selbstdisziplin kann man nur im Chaos versinken – so wie manche Schulen das heute bereits tun.
Damit Lehrer ihre wichtige Aufgabe gut erledigen können, ist eine hochwertige Ausbildung in fachlicher und pädagogischer Hinsicht notwendig. Eine fachliche Ausbildung in der ersten Phase, dem Universitätsstudium, das auch eine Auseinandersetzung mit psychologischen und pädagogischen Theorien einschließt. Die darauf folgende praxisorientierte Ausbildung in der zweiten Phase an den Seminaren könnte ein Garant für eine professionelle Lehrerausbildung sein, wenn sie nicht so dilettantisch organisiert wäre. Die zweite Phase, der Vorbereitungsdienst muss von theoretisch gebildeten Lehrkräften mit genügend Berufserfahrung gestaltet werden. Es ist ein Unding, dass an manchen Seminaren junge Lehrer, die gerade einmal drei magere Jahre Berufserfahrung haben, als Lehrbeauftragte eingestellt werden.
In dieser wichtigen Phase der Lehrerausbildung muss der Anwärter das Rüstzeug für seinen späteren Beruf mitbekommen. Nachdem durch das Praxissemester von mindestens einem halben Jahr festgestellt wurde, dass der angehende Lehrer wohl für diesen Beruf geeignet erscheint, soll er nun lernen, wie man gekonnt unterrichtet. Anhand grundlegender didaktischer Prinzipien und klarer Handlungsdispositionen, die an der Praxis orientiert sind, lernt der Referendar, seinen künftigen Berufsalltag als Lehrer zu meistern. Dafür müssen die Seminare für Didaktik und Lehrerbildung (Baden-Württemberg) grundsätzlich personell und strukturell umgebaut werden, damit sie den wichtigen Spagat zwischen Theorie und

Praxis auch leisten können. Die Seminare dürfen – wie die Schulen – nicht von pädagogischen und politischen Profilneurotikern als Experimentierfeld missbraucht werden. »Blended Learning« und »interkulturelle Kompetenz« sind sicherlich wichtige Elemente der Lehrerausbildung, müssen den Anwärtern jedoch frei von Fehleinschätzungen professionell vermittelt werden. Das ist bis heute nicht der Fall.

Auch das Thema Inklusion, das wohl aus einer gewissen idealisierenden Pädagogik entstanden ist, sollte von den Seminaren kritisch hinterfragt und nicht, wie es sich momentan abzeichnet, in teilweise vorauseilendem Gehorsam, in die Ausbildung aufgenommen werden.

Fazit: Befreit die Schulen von unnötigem, aufgeblähtem pädagogischem Ballast und lasst die Lehrer endlich wieder »ganz normal« unterrichten.

Literatur

Adorno, Theodor W.: Tabus über den Lehrerberuf (1965), in: Erziehung zur Mündigkeit, Suhrkamp 1970

Adorno, Theodor W.: Theorie der Halbbildung, Suhrkamp 2006 (Vortrag von 1959)

Ariès, Philippe: Geschichte der Kindheit, dtv 1978 (Originalausgabe 1960)

Amy Chua: Die Mutter des Erfolgs. Wie ich meinen Kindern das Siegen beibrachte. Nagel & Kimche 2011

Arnold, Rolf: Aberglaube Disziplin. Antworten der Pädagogik auf das »Lob der Disziplin«, Carl-Auer 2007

Autorengruppe Bildungsberichterstattung: Bildung in Deutschland 2010

Bauer, Joachim: Lob der Schule. Sieben Perspektiven für Schüler, Lehrer und Eltern, Hoffmann und Campe 2007

Bayerwaltes, Marga: Große Pause. Nachdenken über Schule, Piper 2004

Bernfeld, Siegfried: Sisyphos oder die Grenzen der Erziehung, Suhrkamp 1973 (erstmals erschienen 1925)

Bolz, Norbert: Die ungeliebte Freiheit. Ein Lagebericht, Fink Verlag München 2010

Bonner, Stefan; Weiss, Anne: Generation doof – Wie blöd sind wir eigentlich; Bastei Lübbc 2008

Brenner, Peter J.: Wie Schule funktioniert. Schüler, Lehrer, Eltern im Lernprozess, Kohlhammer 2009

Broder, Henryk M.: Hurra wir kapitulieren! Von der Lust am Einknicken, Pantheon (o.J.)

Brumlik, Micha: Vom Missbrauch der Disziplin. Antworten der Wissenschaft auf Bernhad Bueb, Beltz 2007

Bueb, Bernhard: Lob der Disziplin. Eine Streitschrift, Berlin 2006

Bueb, Bernhard: Von der Pflicht zu führen. Neun Gebote der Bildung, Berlin 2008

Cohn, Ruth: Von der Psychoanalyse zur themenzentrierten Interaktion, Klett-Kotta 1975

Comenius, Johann Amos: Große Didaktik. Die vollständige Kunst alle Menschen alles zu lehren. Nachdruck Klett-Cotta

Cube, Felix von: Fordern statt verwöhnen, Serie Piper 1993[7]

Diekmann, Kai: Der große Selbstbetrug. Wie wir um unsere Zukunft gebracht werden, Piper 2007

Felten, Michael (Hrsg.): Neue Mythen in der Pädagogik. Warum eine gute Schule nicht nur Spaß machen kann. Auer 1999

Fischer, Wolfgang / Löwisch, Dieter-Jürgen: Pädagogisches Denken von den Anfängen bis zur Gegenwart, Wissenschaftliche Buchgesellschaft 1998

Fleischhauer, Jan: Unter Linken, Rowohlt 2009

Frey, Karl: Die Projektmethode, Beltz 1995[6]

Friedrichs, Julia: Gestatten Elite. Auf den Spuren der Mächtigen von morgen, Hoffmann und Campe 2008

Fromm, Erich: Die Furcht vor der Freiheit, Europäische Verlagsanstalt 1980

Fromm, Erich: Haben oder Sein, dtv 1981[8]

Ganz, Günter: Bildungskonzepte der frühen Arbeiterbewegung. Dargestellt am Beispiel von Wilhelm Weitling. Unveröffentlichte Diplomarbeit Freiburg 1986

Ganz, Günter: Die Schule im Spiegel der Karikatur, Verlag Dr. Kovac 1993

Gaschke, Susanne: Die Erziehungs–Katastrophe. Kinder brauchen starke Eltern, DVA 2001

Gauger, Jörg-Dieter (Hrsg.): Bildung der Persönlichkeit, Herder 2006

Gerster, Petra / Nürnberger, Christian: Der Erziehungsnotstand. Wie wir die Zukunft unserer Kinder retten, Rowohlt 2001

Giesecke, Hermann: Das Ende der Erziehung. Klett-Cotta 1985

Giesecke, Hermann: Pädagogik als Beruf. Grundformen pädagogischen Handelns, Juventa 1995

Giesecke, Hermann: Pädagogische Illusionen. Lehren aus 30 Jahren Bildungspolitik, Klett-Cotta 1998

Giesecke, Hermann: Wozu ist die schule da? Die neue Rolle von Eltern und Lehrern, Klett-Cota 1998

Grell, Jochen und Grell, Monika: Unterrichtsrezepte, Beltz 1983

Grell; Jochen: Techniken des Lehrerverhaltens, Beltz 1974

Gudjohns, H. / Reinert, Gerd-Bodo: Lehrer ohne Maske? Grundfragen zur Lehrerpersönlichkeit Scriptor 1981

Gudjons, Herbert: Pädagogisches Grundwissen, Klinkhardt 2008[10]

Hahne, Peter: Schluss mit lustig. Das Ender der Spaßgesellschaft. Johannis 2004

Heller, Kurt A.: »Gleiche Chancen in der Bildung«; Vortragsmanuskript vom 17.März 2010 im Haus der Union Stiftung Saarbrücken

Helmke, Andreas: Unterrichtsqualität und Lehrerprofessionalität. Diagnose, Evaluation und Verbesserung des Unterrichts, Klett/ Kallmeyer 2009

Hentig, Hartmut von: Ach, die Werte. Über eine Erziehung für das 21. Jahrhundert, Hanser 1999

Herbold, Astrid: Das große Rauchen. Die Lebenslügen der digitalen Gesellschaft, Droemer 2009

Jürgs, Michael: Seichtgebiete. Warum wir hemmungslos verblöden. Bertelsmann 2009

Kant, Immanuel: Ausgewählte Schriften zur Pädagogik und ihrer Begründung, Schöningh 1982

Keller, Hedwig: Die Teamlüge. Von der Kunst, den eigenen Weg zu gehen. Eichbeorn 1997

Klein, Susanne: Erfolglos im Team, Bild der Wissenschaft 10/2004

Krüssel, Hermann: Die Kunst des Lehrens. Leitlinien erfolgreichen Unterrichts, Schneider Verlag Hohengehren 2009

Kühn, Lotte: Das Lehrerhasserbuch. Eine Mutter rechnet ab, Knaur 2005

Kühn, Lotte: Elternsprechtag, Wie schlimm ist Schule wirklich? Knaur 2006

Läffert, Klaus / Wagner, Dietmar: Lehrer-Report. Zutritt für Unbefugte, dtv 2000

Lichtenberg, Georg Christoph: Schriften und Briefe, Zweiter Band, Sudelbücher II, Zweitausendeins, (Lizenzausgabe Hanser 1971), S. 452 Das Originalzitat lautet hier: »Ich kann freilich nicht sagen, ob es besser wird, wenn es anders wird; aber soviel kann ich sagen, es muß anders werden, wenn es gut werden soll.«

Liessmann, Konrad Paul: Theorie der Unbildung. Zsolnay 2006

Mager, Robert F.: Lernziele im Unterricht, Beltz 1965

Mahlmann, Friedrich: Pestalozzis Erben, Wolf Schwartz Verlag Heidelberg 19997

Mertes, Klaus / Siebner, Johannes: Schule ist für Schüler da. Warum Eltern keine Kunden und Lehrer keine Eltern sind, Herder 2010

Miller, Reinhold: 99 Schritte zum professionellen Lehrer, Kallmeyer 2004

Miller, Reinhold: Beziehungsdidaktik, Beltz 1999[3]

Miller, Reinhold: Lehrer lernen: Ein pädagogisches Arbeitsbuch, Beltz 2001

Mollenhauer, Klaus: Vergessene Zusammenhänge. Über Kultur und Erziehung, Juventa 1983

Neubauer, A. / Stern, E.: Lernen macht intelligent. Warum Begabung gefördert werden muss. Goldmann 2009

Nuber, Ursula: Die Egoismusfalle. Warum Selbstverwirklichung oft einsam macht, Kreuz Verlag Zürich 1993

Postman, Neil: Keine Götter mehr. Das Ende der Erziehung, Berlin Verlag 1995

Postman, Neil: Wir amüsieren uns zu Tode, S. Fischer 1985
Prange, Klaus: Die Zeigestruktur der Erziehung. Grundriss der Operativen Pädagogik, Schöningh 2005
Prekop, Jirina: Der kleine Tyrann. Welchen Halt brauchen Kinder? Dtv 1991
Quak, Udo (Hrsg.): Lehrer- Bilder. Literarische und historische Fundstücke, Cornelsen 2007
Reble, Albert: Geschichte der Pädagogik, Klett-Cotta 1989
Rehfus, Wulf D.: Bildungsnot. Hat die Pädagogik versagt? Klett-Cotta 1997
Reichenbach, Roland: Philosophie der Bildung und Erziehung, Eine Einführung, Kohlhammer 2007
Ricken, Norbert: Über die Verachtung in der Pädagogik. Analysen - Materialien – Perspektiven, VS Verlag für Sozialwissenschaften 2007
Röhrs, Hermann (Hrsg.): Bildungsphilosophie (Zwei Bände), Akademische Verlagsgesellschaft Frankfurt 1967
Roth, Gerhard: Persönlichkeit, Entscheidung und Verhalten. Warum es so schwierig ist, sich und andere zu ändern, Klett-Cotta 2007
Roth, Gerhard: Bildung. Bildung braucht Persönlichkeit. Klett-Cotta 2011
Rutschky, Katharina (Hrsg.): Schwarze Pädagogik. Quellen zur Naturgeschichte der bürgerlichen Erziehung, Ullstein 1997
Sarazin, Thilo: Deutschland schafft sich ab, DVA 2010
Schäfer, Alfred: Einführung in die Erziehungsphilosophie, Beltz UTB 2005
Spitzer, Manfred: Lernen. Gehirnforschung und die Schule des Lebens, Spektrum 2002
Sprenger, Reinhard K.: Das Prinzip Selbstverantwortung. Wege zur Motivation, Campus 1997
Sprenger, Reinhard K.: Mythos Motivation. Wege aus einer Sackgasse, Campus 1995

Stoll, Clifford: Logout. Warum Computer nichts im Klassenzimmer zu suchen haben und andere High-Tech-Ketzereien, S. Ficher 2001
Terhart, Ewald: Nach PISA, Europäische Verlagsanstalt 2002
Wagner, Wolf: Tatort Universität. Vom Versagen deutscher Hochschulen und ihrer Rettung, Klett-Cotta 2010
Whitaker, Todd: Was gute Lehrer anders machen. 14 Dinge, auf die es wirklich ankommt, Beltz 2009
Wieczorek, Thomas: Die verblödete Republik. Wie uns Medien, Wirtschaft und Politik für dumm verkaufen, Knaur 2009
Wissenschaft.de: Fleiß schlägt Grips, Bild der Wissenschaft 28.11.2005